Karl Foerster
Ferien vom Ach

Werkausgabe

Mit freundlicher Genehmigung

DEUTSCHE STIFTUNG
DENKMALSCHUTZ

Wir bauen auf Kultur.

Karl Foerster
Ferien vom Ach

Lebensbetrachtungen
eines weisen Gärtners

Vorwort

In seinem letzten Buch träumt sich ein alter Mann in seine Kindheit zurück. Er lässt Aktuelles außen vor und gönnt sich den Blick auf die wirklich wichtigen Dinge. Es entstehen eindringliche Bilder von Landschaften und Reisen, von Naturschönheiten und Wetterereignissen. Und natürlich unzählige Gartenbilder.

Der erste Garten in der Sternwarte ersteht vor dem inneren Auge. Streiche und Gezänke am Gartenzaun lassen einen frechen Jungen wieder aufleben. Die Frühlingssonne lässt zartes Grün an den Birken sprießen. Ein blutroter Teppich von herabgefallenen Kamelienblüten kündigt im Süden die erste Wärme des Sommers an. Geruch feuchten Laubes und das Leuchten der Glühwürmchen verzaubern in einer mondhellen, milden Mitsommernacht. Der Herbst lässt die warmen Farben der Chrysanthemen erblühen. Und auch der Winter hat seinen Platz im Herzen des Gartenpoeten gefunden.

Kleine Dinge stehen neben den großen, Alltägliches neben dem Besonderen. Und jedem wird Beachtung und Freude entgegengebracht. Ein schwärmerischer, freundlicher Blick auf die Welt.

Das Buch scheint aus der Zeit gefallen. Es zeigt einen unmodernen Menschen, der sich an den kleinen

Dingen der Natur erfreut. Altersweise und poetisch betrachtet er sie, die Unterschiede zwischen dem Pflanzenliebhaber, dem Gärtner und Gartenschriftsteller, dem Dichter und Philosophen verschwinden. Karl Foerster blickt nicht nur in sein Leben zurück, er wendet sich zum Ende auch wieder den Idealen seiner Kindheit zu. Er zeigt sich ganz als Neoklassiker, lässt Goethe, Schiller und Wieland von Ferne grüßen. In kurzen Aphorismen gibt er Lebensweisheiten und Erwägenswertes an die Nachkommen weiter.

Was der Himmel nur Herrliches hat,
was glücklich die Erde Reizendes immer gebar,
das erscheint dem wachenden Träumer.

(aus: Geweihter Platz von Johann Wolfgang von Goethe, 1782)

Norbert Kühn, im November 2016

Inhalt

Elternhaus in der Sternwarte   8
Sankt Alltag   25
Freundliche Zurufe   30
Weg durch unbekannte Heimat   32
Frühlingsneuland   35
Mitte April am Gartenmauerplatz
über der Landschaft   39
Leben mit der Natur   44
Der Raum bringt Rosen   46
Unter Ölbäumen und Zypressen   49
Blumenüberraschungen ohne Ende   54
Erregungen an Gartenzäunen   56
Das waren noch Zeiten ...   61
Mit der Nase um die Erde   64
Moments musicaux   69
Schneller Gang durch Venedig   71
Gesichter in der Menge   76
Mittsommernacht und Morgen   80
Nachtgedanken   84
Die Waage des Gewissens   86
Gewitter   89
Meeresbrief   93
Sommertage im Süden   98
Nocturno   110
Wege und Ziele   113

Am Wiesenfluß 114
Zweite Jugend des Jahres 118
Getier im Garten 123
Die Blume der Friedensgöttin 132
Wir verwunschnen Wetterwesen 135
Wir verkannten Verkenner 139
Die Wappenblume des Herbstes 145
Vom Glück des November 150
Lebendiges Alter 154
Schnellzugfahrt durch
schneeloses Winterland 156
Der Garten der Erinnerung 161
Wintergang in der Dämmerung 165
Mitgefühl und Dankbarkeit 170
Früher Blumentrubel 172
Gefahr und Verheißung 178

Elternhaus in der Sternwarte

Selbst Kinder können ihr Elternhaus, Vater, Mutter und Geschwister mit allen Antrieben und Kräften, die ihr Leben dort empfing, nur mittelbar beschreiben, auch wenn sie es aus der Überschau eines ganzen Lebens versuchen. Denn die Beziehungen zweier Wesen zueinander sind – nach Maeterlinck – jedem Dritten verborgen. Selbst Dichter stehen vor einer geheimnisvollen Ohnmacht des Wortes, den eigentlichen, innersten Lebenshauch der Beziehung liebender Menschen zu schildern.

Dennoch können wir alle, Dichter oder Schriftsteller oder keines von beiden, dem Drange nicht entsagen, uns mit Worten nah und immer näher an das Unaussprechliche heranzuwagen und hierdurch beides zu beleben und zu bereichern: die Bezirke des Unaussprechlichen und des Wortes.

Gleich der erste Gedanke an das ganze goldene Geflecht meiner Kindheitserinnerungen muß ein Bekenntnis zum Garten und zum gemeinsamen Leben in der Natur werden. Denn alle lebendigsten Erinnerungen an unseren Lebensmorgen im Elternhaus empfangen Gestalt und Erinnerungsdauer durch irgendwelches Leben mit der Natur im Garten, in Landschaft und Himmel, Reise, Wanderung und Schiffahrt. Wenn sich diese Kindheit nur in Stadt und Haus abgespielt hätte, würden wohl drei Viertel der seelisch-persönlichen Erinnerungen fehlen. Denn die Natur erst ist der Glühkörper, durch den all die Erinnerungsflammen so strahlend werden, daß sie über ein ganzes Leben hin leuchten können.

Wiederum ist es schwer zu beschreiben, auf welche Weise Garten und Reise, Wander- und Wasserleben Haupterinnerungs-Scheinwerfer in die langen Kindheitszeiten der Liebe zu Eltern und Geschwistern sein können.

Wenn du also deine Kinder bei der Hand nimmst und mit ihnen wanderst und reisest, geht die Wanderung nicht nur in die Erdräume, sondern auch in die Zeiten hinaus, weit in die Zeiten voraus.

Ich bin der geheimnisvollen Fröhlichkeit und Glückseligkeit des Liebens, mit der uns die Eltern verwöhnten, selten im Zusammenleben von Kindern und Eltern so wieder begegnet. Immer aber war das Fluidum des Naturlebens am Werke, an dem sich die Flammen dieser Heiterkeiten entzündeten.

Wer seinen Kindern keinen eigenen Garten geben kann, der versuche doch wenigstens ein Stück Garten für die Familie zu pachten. Beim Blick über kleine Laubengartenkolonien hinweg sollten wir die Hauptsache nicht vergessen: daß es doch auch ein Blick über Liebesgärten hinweg ist.

Die Liebe in jeder Form wird durch bloße Stein- und Asphaltumgebung um ihr feinstes Blühen gebracht.

Wir kamen vom Schulgange aus dem Friedrichstraßenlärm Berlins durchs große eiserne Tor des Sternwartengartens in eine vogelsangdurchhallte Gartenstille, in deren Mitte das Sternenhaus stand. Die Königliche Berliner Sternwarte, von Alexander von Humboldt gegründet und von Schinkel erbaut, lag im Zentrum der Riesenstadt, am Südende der Charlottenstraße, dem Enckeplatz, in einem fünf Morgen großen Garten.

Mein Vater, Wilhelm Foerster, war vom vierunddreißigsten bis zum siebzigsten Jahr Direktor dieser Sternwarte. Er stammte aus Grünberg in Schlesien, und zwar aus einer jahrhundertealten Dynastie von Tuchmachern, die am Ausgang des Mittelalters wegen ihrer Tuchmacherkunst aus Flandern dorthin versetzt wurden.

 Bei Gelegenheit großer Landvermessungsarbeiten für die Mecklenburgische Regierung holte er sich seine junge Frau aus einer mecklenburgischen Gelehrten- und Handwerkerfamilie.

 Beide Länder, Schlesien und Mecklenburg, waren in Wesen und Sprache meiner Eltern deutlich fühlbar; aber vieles in beider Wesen und Erscheinung griff nicht nur über das Volkstum hinaus, sondern stand im Gegensatz dazu.

 Ich fühle die Ströme der Stammeseigentümlichkeit, in denen logische und mystische Geisteskräfte so verschieden gestaffelt waren, wie ein Knabe, der von einer Brücke auf den Zusammenfluß zweier Wasserarme sieht – und vermag sie gegeneinander auszuwägen.

Alles, was ich hinschreibe, läßt nicht das innere Zittern vermuten; mit dem ich das Wunderbarste heraufzubeschwören suche, was einem Menschen begegnen kann. Dabei entgleitet mir fast der Gedanke, daß es wirklich und leibhaftig meine Eltern waren, von denen ich hier spreche.

Die Mutter sah wie eine Engländerin aus, in Kopfbildung und Profil mit kühnen Anklängen an den Schädel Friedrichs des Großen. Sie hatte dunkelbraunes Haar, das bis zum sechzigsten Jahr kein graues aufwies, und blaue Seefahreraugen.

Der Vater war kleiner und gedrungener, seine Erscheinung trug den unverkennbaren Stempel eines modernen Gelehrten und Weltmanns und weckte doch leise Nebenerinnerungen an die Grazie des Rokoko und die Geschlossenheit antiker Denker. Sein Händedruck war fest mit seidenweicher Hand und sein blauer Blick von unvergleichlich forschender Freundlichkeit.

Der früheste und stärkste geistige Strom, der in unseren Kindheitsjahren von Vater und Mutter auf uns Kinder ausging, hatte die Gestalt einer wahrhaft seligen Fröhlichkeit, die wir schon vom fünften Jahr ab deutlich empfanden.

Es wurden bestimmt viele ernste Erziehungseingriffe, Maßregeln und Hinauswürfe verhängt – aber die Tonart, in der es geschah, lag immer mehr nach der gedämpften als nach der verärgerten Seite.

Oft ist mir, als ob diese geheimnisvolle und taufrische Heiterkeit unserer Mutter die am schönsten ausstrahlte, wenn sie mit uns im Garten war oder auf

Reisen, Wanderungen, Schiffsfahrten mit uns lebte, lachte, staunte – der stärkste Nährboden der Glücksgesinnung gewesen sei, von der ich mich getragen fühle.

Noch heute, lange Jahrzehnte nach ihrem Tode, sind mir alle Pflanzenarten unserer damaligen Kinderbeete, alle Gegenden der Berg- und Meereserlebnisse unserer Kindheit, die vertrauten oberbayerischen Dörfer und die Wälder und Felder der mecklenburgischen Ostseeküsten, umglänzt vom Fluidum jener zauberischen lächelnden Mutterliebe und Naturergriffenheit.

Das Lebensfeuer, das hinter dieser moussierenden Morgenluft unserer Kindheit stand, sprühte bei jeder Gelegenheit in irgendeinem Humor auf, für den wir langsam empfänglich wurden, bis wir schließlich merkten, daß wir die humorbegabteste Frau, die nur zu denken ist, zur Mutter hatten.

Nichts hängt enger zusammen als Liebe und Lachen auf ihren Höhen. Heiterkeit ist die kleine Münze des Geistes. Das heitere, mitteilungsfreudige Temperament hat tausendmal mehr Berührungspunkte mit anderen Menschen als das unheitere. Es ist zwar eine alte Weisheit, daß Kinder in ihrer Gefühlsfähigkeit schon unendlich viel differenzierter und treu bewahrender sind, als gemeinhin anerkannt wird – hier soll aber daran gemahnt werden, wie sehr schon von kleinen Kindern feinste Glücksregungen und Herzbewegungen ihrer Eltern dunkel und unbewußt aufgefangen werden.

Die Eltern waren vorwärtsdrängende Zielmenschen, was sich bis ins Spiel der Kinder fortsetzte.

An einer reizenden, geborgenen Stelle des großen Sternwartengartens lagen unsere Kindergärten, mit Buchsbaumwegen oder Himbeerhecken gegeneinander abgegrenzt. Unsere Mutter bedachte, daß Kinder am schnellsten in Gartenleidenschaft geraten durch die Mitwirkung von Eigentumsgefühl, Verantwortung und Wetteifer. Alle drei mündeten natürlich in Schenkfreude.

Als Zünder für das Eigentumsglück in jedem Gärtchen, das gegen die anderen ein wenig eingefriedet war, hatte sie uns je einen kleinen Schuppen mit Vorlegeschloß zum Aufbewahren der Geräte und Sämereien und zum Spielen bei Regen setzen lassen. Flachreliefs der Tages- und Jahreszeiten hingen über den Bänkchen. Sie regte jeden von uns an, möglichst andere Dinge zu pflanzen und zu säen als die Geschwister, und schien mit jedem von uns in einem Geheimbund.

Die Gärtchen trugen viel dazu bei, uns verwundert fühlen zu lassen, wie verschieden wir alle waren. Jetzt nach Jahrzehnten wundern wir uns noch mehr darüber. Jedes von uns Kindern ärgerte sich oft über die Seltsamkeit des Nachbarn und dachte etwa: Was der für Passionen in seinem Garten hat – Hahnenkamm zieht er, die greuliche Pflanze! Aber die Mutter sagte: »Je verschiedener ihr seid, desto besser könnt ihr einander helfen, wenn ihr groß seid.«

Wenn doch Eltern der Jugend lebendige Vorahnungen von der nie genug gefeierten Lebensmacht der Geschwisterhilfe schaffen könnten! Wie tief prägen oft Geschwister unseren inneren Wesensgang auf Lebenszeit!

Zu den wunderbaren Strahlen meiner Schicksalssonne gehört auch die anscheinende Verschworenheit jedes meiner Geschwister, mir von früh auf und dann ein Leben hindurch Schätze tiefster Lebens- und Seelenhilfe dazubringen; ohne sie wäre meine ganze geistige Existenz nicht zustande gekommen. Um dieses quellen von Lebensreichtum und Daseinsstärke aus geschwisterlichem Leben ist es noch zu still auf der Welt.

Wie nahe auch blieb dem Herzen über ein halbes Jahrhundert hinweg bei so viel Lebenserfüllung der Kindheitssommergarten, über dessen Blumen uns noch deutlich das Gehall der kindlich-eifrigen Geschwisterstimmen schwebt: »Süß und silbern klingt ein Mädchenlachen durch den Sommersonnentag...« (Storm).

Schon morgens vor der Schule stürmten wir immer gleich zu unserem Gärtchen hinaus, um zu sehen, ob die Pflanzen wieder größer geworden waren. Solche Stärke und Nachhaltigkeit der Leidenschaft für Garten und Pflanze, die sich in Kindern schon vom sechsten Jahre an einzunisten vermag, um nie wieder zu vergehen, kann von Erwachsenen ohne eigene Kindheits-Gartenerlebnisse kaum geahnt werden.

Wenn wir mit den Eltern während der großen Sommerferien verreist waren, konnten wir es in der letzten Woche kaum erwarten, wie wohl unsere Gärtchen bei der Rückkehr aussehen würden. Nach der Ankunft rannten wir gleich hinüber, ohne erst ins Haus zu gehen. Einmal kamen wir im Dunkeln an, aber die Mutter gab uns Streichhölzer, mit denen wir überall in den Beeten umherfunkelten und zwischen riesig gewordenen Rhizinusstauden und großen Gladiolenspeeren herumstaunten.

Schade um jede im eigenen Kindheitsgärtchen nicht erlebte Blütenpflanze; denn diese Kindheitsgefühle leben unbegrenzt weiter und liefern mitbauende Kräfte an der Glücksbeziehung zu jener Pflanzenart und ihrem Veredelungsfortgang. Und an jeder Blume von damals hängt für immer ein Duft der Liebe.

Wie oft gab es großen Wettlauf, um neue schöne Sachen aus dem Gärtchen, die eben aufgeblüht oder reif geworden waren, schnell der Mutter zu bringen. Sie lachte schon von ferne, wenn wir angejagt kamen. Schönste Belohnung war, daß sie uns ein kleines Ölbild der Erzeugnisse malte.

Unsere älteste Schwester hatte eine viel schönere Schwertlilienstaude als wir, in der sich ihre Überlegenheit strahlend verkörperte. Einst fand sie den schönsten Stiel kurz abgeknickt im Grase liegen. Doch die Mutter malte ihr zu durchgreifendem Troste ein Bildchen der Blume.

Unsere Reisen führten immer an Meeres- oder Bergseeufer, denn in der Landschaft mußte unsere Mutter Wasserluft schnuppern, um ganz in ihr innerstes Wesen eingesetzt zu werden. Die geheime Beziehung ihrer Malerseele zum Wasser half auch in meinem Bruder, der Schiffsbauer wurde, und in mir eine verzehrende Leidenschaft für Schiffe nähren.

Die Mutter war kritisch mit ihren Kindern, lebte aber in einer bewegten Freundschaft mit uns, die uns oft beglückt denken ließ, daß sie außerdem noch unsere Mutter war. Sie überließ uns ohne Ängstlichkeit gefährlichen Spielen, war aber rechtzeitig zur Stelle, wenn es uns nicht gerade angenehm war. Ruhig ließ sie uns in Booten, die schon so leck waren, daß man gleich anfangs Wasser schöpfen mußte, auch bei Gewitter losfahren. Als Fischer Bohnsack in Boltenhagen an der Ostsee uns sein Boot nicht mehr geben wollte, weil wir Segel gesetzt und aufs hohe Meer gehalten hatten, hinderte sie uns nicht, auf selbstgezimmerten Flößen oder in alten Backtrögen in See zu stechen.

Wir wunderten uns, daß unsere Nachbarn, Fischer Westphal und Bohnsack, unsere Obstdiebstähle überraschend gutmütig aufnahmen. Später erfuhren wir, daß unsere Mutter den zu erwartenden Raubbedarf ihrer Kinder im voraus honoriert hatte, ohne uns etwas davon zu sagen, weil sie doch den Reiz des Verbotenen erhalten wollte und auch gleichzeitig den Bedarf etwas zu dämpfen gedachte.

Alle Menschen, die mit unserer Mutter zu tun hatten, gerieten in einen glücklichen Bann, den man oft im Nebenzimmer schon aus den Stimmen heraushören konnte und der uns Kindern oder jungen Menschen selbstverständlich war, weil wir mit drinstanden – und auch die Tiere schienen oft seltsam angerührt und erkannten die geheime wissende Kameradschaft. Ihre Liebe zum Tier floß in unsre zu ihr. Die wunderbar aufschließende Kraft ihrer Liebe für Dinge oder Wesen, Kunstwerke, Wolken, Kinder, Landschaften und Völkerschaften vermittelte immer ein besonderes Aroma. Das Mitlieben mit geliebten Menschen führt ins Herz der Liebesgegenstände und strahlt zurück.

Die Mutter zeichnete uns auf Wunsch jedes Tier mit sauberem Umriß auf – sie schrieb es sozusagen hin. Auch alle Briefe waren humorig illustriert; die Illustrationen quollen noch auf die Briefumschläge über! Auch die Ausgabebücher ihres Haushaltes wurden beiläufig halb unbewußt illustriert. Wenn die Rechnung mal nicht stimmte, waren teuflische Gestalten daneben gezeichnet, die von anderen niedergerungen wurden. Bücher, die sie freuten oder ihren Widerspruch erregten, empfingen unwillkürliche Illustrationen. Am Rande eines von ihr bemängelten verwunderlichen Satzes fand man eine Eule gezeichnet, die durch eine Lorgnette auf die Stelle hinblickte.

Ihre Malgabe war unbewußt zielsicher und von solchem Range, daß Menzel ihr anbot, sie zu unterrichten, was aber durch ihre Krankheit verhindert wurde. Ihre Ölgemälde mit dem schönen Firnis- und Terpentinduft und die Bilderlebnisse mit ihr auf häufigen Gängen durch Galerien und Gemäldeausstellungen bewegten unsere Kindheitstage. Sie kopierte besonders gern Böcklin und sagte: »Es macht die gleiche Art Herzklopfen wie das Arbeiten nach der Natur!« Wer Böcklin heute zum alten Eisen wirft, versteht nichts von Metallen. Aber einen Teil des Lebenswerkes kann man, wie bei so vielen Großen, als zeitlich preisgeben.

Unsere Mutter hatte das Bild »Villa im Frühling« nach einer kleinen Photographie aus der Erinnerung gemalt, jenes Bild, in dessen Mittelgrund eine Frau im blauen Mantel, aus Zypressenschatten her in unbeschreiblicher Kopfhaltung vorbeigehend, einen

Blick über reiche Blumenwiesen wirft. Als der Maler Reinhold Lepsius das Bild sah, sagte er: »Ist ja schöner als das Original!« Hier war kein Kompliment im Spiel. Mein Vater, siebzigjährig, trat davor und sagte zur Mutter: »Ich bin doch sehr stolz, daß du mich genommen hast.«

Ihre Böcklin-Liebe war ihrer Begeisterung fürs Griechentum nahe. Wir wurden als Kinder mit Homer großgesäugt und dadurch leidenschaftlich vertraut mit vielen Episoden, wie der Nausikaa-Liebelei und der Ithaka-Heimkehr. Die Mutter lernte unser Schul-Griechisch mit und las laut die Originaltexte mit den Klängen dieser schönsten Sprache, die bis ans Ende der Welt leben wird.

In der Sternwarte tagte gegen Ende des Jahrhunderts öfters die Mittwoch-Gesellschaft, ein Berliner Professorenverein, der lauter halb sagenhaft gewordene Menschen vereinigte, Köpfe wie Ernst Curtius und Herman Grimm. An solchem Abend hatte meine Mutter irgendeinem besonderen Festanlaß zuliebe Efeukränze für die hohen Denkerstirnen gewunden. Der Anblick der Festtafel erinnerte an ein griechisches Gastmahl. Alle betrachteten sich staunend und lächelnd und haben wohl nie im Leben schöner ausgesehen!

Was ich nun von meinem Vater, dem Astronomen, hier zu sagen vermag, ist Stückwerk; das andere wissen noch viele Lebende und werden dereinst noch viele wissen.

Er holte sich Gedanken von den Sternen auf die Erde hinab und zog Folgerungen aus den Erfolgen der großen astronomischen Genauigkeitskultur; von ihrem dereinst fraglos zu erhoffenden Übergreifen auf die umdunkelten Sachverhalte des Menschenlebens erwartete er viel Zukunftsheil.

Ein Sohn kann der breitgelagerten Fülle aller Ausstrahlungen dieses väterlich außerordentlichen Daseins nicht gerecht werden und vermag nicht die Tonart anzuschlagen, die dem Ganzen gebührte. Wilhelm Foerster gehört nicht der Vergangenheit an.

Die Sternwarte war für uns Mitbewohner kein bloßes wissenschaftliches Institut, sondern es war uns eine Sternwarte, von der ein Stern- und Erdkundiger große Blicke in die Kultur tat.

Von unsern Blumengärtchen sahen wir Kinder zur Hauptkuppel hinüber, durch deren Spalt abends das Auge jenes Fernrohrs emporblickte, mit welchem der Planet Neptun gefunden wurde. Bis in unsere Schlafzimmer hinab hörten wir das Rumoren gedrehter Beobachtungskuppeln und den Pendelschlag der großen Chronometer, unter denen auch die ganz besondere Uhr war, mit deren Hilfe bei der erstmaligen Telegrafenverbindung Berlin-Isfahan unter Werner von Siemens die Schnelligkeit des elektrischen Funkens gemessen wurde, und zwar mit dem Ergebnis: achtmal in der Sekunde um den Äquator!

Unser Vater steckte für uns mit den himmlischen Mächten unter einer Decke, nicht nur weil er Astronom war. Dieses unser Gefühl wuchs bis zu seinem neunzigsten Jahr und nahm immer neue Formen an. Eine der Frühformen war natürlich ein Staunen, daß Himmelserscheinungen genau eintrafen, von denen er gerade eingehend gesprochen hatte.

So hörten wir ihn eines Tages von dem großen Sternschnuppenfall reden, der abends zu erwarten war, weil die Erde die Bahn eines zersprühten Kometen passieren werde. Als wir in der Dämmerung auf die Plattform der Sternwarte stiegen, war der Himmel dicht von Lämmerwolken überzogen, die der Viertelmond leise zu beleuchten begann. Hinter diesem Gewölk und seinen Rissen tat sich nun allgemach ein Sternschnuppenfeuerwerk ohnegleichen auf, das nicht nur in den Wolkenlücken funkelte und aufzuckte, sondern das Traumgewölk selber mit seinen Feuerscheinen durchleuchtete. Der Vater war in die uns vertraute eherne Aufmerksamkeit nach oben gehüllt, aus der nur manchmal ein zärtliches oder lustiges Wort für uns abfiel. Wir rechneten ihm das Arrangement des ganzen Feuerwerks zu.

Da der Vater nicht nur im Himmel, sondern auch auf der Erde überall recht gut Bescheid wußte, bemerkte er beiläufig genau, was wir Kinder im Garten taten. Der eine Bruder säte nur duftende Blumen in großen Flächen, saß in seiner kleinen Laube daneben und las und las – der andere hatte ein Wässerchen im Garten mit ständigem kleinem Schiffsverkehr darauf. Zwischen seinen keimenden Bohnen wühlte er vorzeitig, um zu sehen, wie das gemacht war. Ich zog starkfarbige Blumen und war für blitzende Gegenstände zu haben. Der Vater ließ den »ersten« Philosoph, den »zweiten« Schiffsbauer und mich Gärtner werden.

Lange schwankte ich zwischen drei Berufen: Seefahrer, Maler, Gärtner. Die Schiffslockung kam von der Mutterseite her und wurde mir doch gerade vom

Seefahrtsbruder meiner Mutter, der jeden freien Augenblick in seiner Admiralsuniform im Garten zwischen Rosen und Obst herumhantierte wie ein Schwan auf dem Lande, mit dem Hinweis auf die noch größere Herrlichkeit des Gartens ausgeredet.

Der Hang zum Garten aber wurde von meinem Vater aus eigener Vorliebe befeuert, die schon von seinem eigenen Vater stammte. Auch durch Schulerfolge ließ er sich hierhin nicht beirren.

Ich besinne mich auf hundertfache Gänge mit unserem Vater in wilder Landschaft, auf denen er den Wegrandflor, den Dünen- oder Bergflor beiläufig mit zärtlichen und feierlichen Worten streifte. Er nahm all die kleinen Geschmeide eigentümlich ernst und wiederholte ihre wohlklingenden griechisch-lateinischen Namen fast wie Namen von Gestirnen oder Weltprinzipien oder magischen Gespinsten der Natur.

Es schien hinter seinen Worten ein Mitwissen um große Zusammenhänge zu leuchten, die er nur feierlich lächelnd andeutete.

»Folge deinen romantischen Anwandlungen«, hatte er mir gesagt, »aber, bitte, konsequent.«

Die Stärke seines zugleich innigen und grandiosen Naturgefühls hing eng mit seiner ganzen Welt- und Lebensanschauung zusammen, und so war ihm die wunderbare Veredelungsfähigkeit der Blume ein leuchtendes und lockendes Modell der Veredelungsfähigkeit aller Erdendinge, an die er mit einer Festigkeit der Zuversicht glaubte, die schon kaum mehr bloßes Glauben war.

Er war frei von jeder Brüchigkeit des Lebens- und Zeitaltersgefühls; dieser Neugeborenheit und Uranfänglichkeit in Gestalt einer fast unbewußten Frommheit des Weltgefühls begleitete ihn bis ins höchste Alter. Sein Menschentum, um das für uns Kinder auch im Alltag eine Art würziger Alpenluft wehte, gipfelte in einer Weltmannshaltung voller Herzensgüte bei der Schlichtung von Streitsachen, um die er oft von einzelnen Menschen oder Gruppen gebeten worden ist. Ein Mensch machte hier also Ernst damit, nach den Grundsätzen ersehnter Zukunft schon in der Gegenwart zu leben. Seine Kinder wissen es, was nach dem Tode dieses mächtigen Lebens einer der Redner an seiner Gruft fühlte, als er sagte: »Kein Professor – ein Gottesheld!« Sie haben ihm die Worte auf den Grabstein gesetzt: »Kommen wird, was du bereitet mit glühender Seele.«

Nie hat in seinen internationalen und sozialen Idealen eine Knochenerweichung gelegen, sondern immer nur die Blickrichtung auf ungeheure redlich aufbauende Arbeit in der Zusammenordnung von Gegensätzen und Gegeninteressen. »Versöhnlichkeit ist der beste Geist des Lebens«, waren seine Worte. »Etwas von anderen ertragen lernen, sonst wird's nicht besser auf Erden.« Selbstverständlich wußte er auch genau, womit nicht paktiert werden darf.

Am hellen Mittag schien er die Sterne über sich zu fühlen; und so gehörte zum Aroma auch seiner kleinen Lebensäußerungen neben aller unmittelbaren Heiterkeit und Wärme durchaus ein leises Element der Feierlichkeit.

Bis in unsere jungen Jahre hinab sind uns Kindern viele merkwürdige Erziehungs- und Lebensworte in Erinnerung.

Mit einem schweren, aber immer freundlich bleibendem Ernste behandelte er unsere Mißerfolge – mit einer wahrhaft glückseligen Freude und Heiterkeit jeden Erfolg. Es konnte wirklich keinen größeren Ansporn geben als diese väterliche »Beethoven-Heiterkeit« bei der Anteilnahme an allem Gelingen.

Wir räkelten einmal als halbwüchsige Burschen auf einem Sofa herum. Er kam vorbei und sagte nur: »Vergeßt der Schönheit nicht.« Das war abseits des Üblichen eines der unzähligen kleinen Erziehungsworte, die Kinder bis ins Alter begleiten.

Für Klatsch und Mißrede war er von Natur aus nicht zu haben; er ertrug so etwas spöttisch und schüttelte sich humoristisch dazu. Ein Bekannter bat ihn, eine Klatsch-Mitteilung, die er ihm anvertraute, ja nicht weiterzugeben. »Keine Sorge«, sagte er, »ich bin konsequenter Harmoniker.«

Es wurde uns schon früh bemerkbar, mit welch festlichem Vertrauen er den meisten Menschen entgegenkam und welche großen Chancen er ihnen gab. Enttäuschen sie ihn, so schien seine Enttäuschung nach Augenblicken bereits halb verjährt, und er sprach mit Nachsicht und humorvollem Spott davon. Bei einer Treulosigkeit eines früheren Mitarbeiters sagte er nur: »Hat wohl die Kontinuität der Empfindung ein wenig verloren.«

Wer ihn enttäuscht oder verdrossen hatte, konnte sich aber durch neue Leistungen oder Verdienste wieder ganz herauspauken. Er nahm dann den ersten Faden auszeichnender Behandlung wieder auf. »Was wird nicht alles aus den Menschen – aus Unbedeutenden werden Bedeutende«, war wohl seine

Randbemerkung hierzu. Diese gelassene Milde und Heiterkeit blieb aber bei ihm mit unbeirrbarer Forderungskraft und Unbeugsamkeit verbunden, wovon auch alte und junge Mitarbeiter zu berichten wußten: »Der weiß aber seine Leute in Atem zu halten«, hörte ich einen jüngeren Astronomen klagen.

Alle unsere Sternwartenjahre wurden durchglänzt von seiner Klaviermusik. Hier war Beethoven sein Held, der große Apostel des Friedlich-Heroischen. Er spielte seine Musik im Sinne jener Beethovenworte: »Ich habe mit meinen Werken einer künftigen Kultur der Menschheit eine neue Sinnengrundlage geben wollen.« Dies feurige Klavierspiel, das mit unvermindertem Temperament bis in sein neunundachtzigstes Jahr ging, wandte er in unseren jungen Jahren bei Festen oft mit unermüdlichem Behagen der Tanzmusik ab.

Fast blieb es uns Kindern zu späterer Zeit, nach Verlegung der Sternwarte aus Berlin heraus, eine Wohltat, daß Elternhaus und Sternwartengarten verschwanden und zu einem bebauten Stadtteil wurden. In der Zwischenzeit, nach dem Verlassen des Hauses, war es uns kaum möglich, alles wiederzusehen. Wir hatten das Gefühl, als wäre uns hier in jenem Schinkelhause von einer Geistes- und Herzenshaltung, die letzte Folgerungen der Goethe-Humboldt-Zeit zog und vom Glanze des großen astronomischen Forschungsganges angeleuchtet wurde, ein Stück wunderbarster Jugend mit Triebkräften fürs ganze Leben geschenkt worden, um deren Licht und Wärme und wohl Einmaligkeit nur wir und ein paar Freunde ganz wußten.

Sankt Alltag

Je mehr wir sehen, was wir sehen, desto mehr entdecken wir in vertrauter Umgebung, was wir noch nie sahen. Fort und fort überraschen uns mit neuen Wundern und Gebärden Blumen und Tiere und Wetterstimmungen.

Aus graugrünen Gewitterwolken zucken waagerechte Blitze über den halben Himmel, die ein leuchtendes Filigran von Strahlen bilden und wie Sternschnuppen einen Augenblick lang feurige Bahnspuren hinterlassen. Während schon dröhnender Donner rollt, blickt das Auge noch zum Sonnenball auf, der wie eine verschleierte Deckenlampe am Himmel hängt. Gewitterwind treibt im mannshohen, leise klirrenden Korn wahre Ozeanwogen, und Kinder baden noch jauchzend im fremdartigen Indigoblau des Flusses, der windbewegt die letzten Himmelstiefen spiegelt. Eine kleine, farbig gezeichnete grüne Spinne, die ich noch nicht im Naturgeschichtsbuch sah, läßt sich eilig vor mir herab, und in Ufergräsern schwebt ein nie gesehenes tiefblaues und schwarzes Rätselgebilde, halb Schmetterling, halb Libelle.

Auch nach jahrzehntelangem Leben in freier Natur stehen wir immer wieder vor Anblicken, bei denen wir fühlen: Dies sehe oder beobachte ich heute zum ersten mal.

Die Heimatnatur weckt uns in manchen Bildern und Stimmungen durchdringende Ahnungen ferner Zeiten und Zonen. Dem vollen, starren Winter mit dicken Schneelasten auf allen Dächern, farbigem Widerschein bunter Abendhimmel auf den Schneegebreiten der Landschaft und goldenem Mondesrund im Dämmerblau hinter rosenroten Schneedächern ist ein Zauber eigen, der uns in eine Märchenwelt versetzt.

Aus tiefem Schlaf erwacht, blickte ich nachts vom Fenster meines Hauses in die vertraute mondbeschienene Gegend; sie lag im seltsamen Novemberlicht des Viertelmondes, der an ungewohnter Stelle über den Waldrand fuhr. Es war, als sähe man nicht nur in eine fremde Landschaft, sondern in die Mitternacht einer fernen wilden Zeit; über allem lag eine so schaurige, totenernste Versunkenheit in Nacht und Traum, als könne es nie wieder Tag werden.

Oktoberfarben in Waldgebirgen rühren uns oft leise mit chinesischer Fremdheit an, Winterstimmungen wecken zuweilen entrückende arktisch-lappländische Landschaftsahnungen; durch seltene Frühlingswetterstunden huschen ungreifbare Südseeträume. In mancher begnadeten Sommerstimmung scheint die ganze Welt auf Reisen.

Was würde unserer Anschauung und Erfahrung oft mangeln, wenn wir diese oder jene kurzen Stunden nicht zufällig erlebt hätten. Unaussprechliches fehlt unserem Gefühl für die Jahreszeiten, ehe wir sie im Hochgebirge oder Waldgebirge zubrachten.

Manche Landschaft im deutschen Hochgebirge ist an gewissen Licht- und Wettertagen solcher Verklärung fähig, daß uns diese Welt auch die jenseitige verklärt. Auch der Himmel scheint wie im Süden durchleuchtet vom Licht über dem Lichte. Ein Ineinanderrauschen von Eiche und Lorbeer, ein trunkener Zusammenklang von Nord und Süd kann solche Bergstunden erfüllen.

Auf manchem schönen Menschenantlitz liegt der Widerschein ungreifbaren Glanzes. Dunkle Bergwälder, Spiegeltiefen grüner Seen entsteigend und in die höchsten Himmelsburgen kletternd, schimmernde Wolkenzüge im feierlichen Blau des Zenit und im süßen Blau des Horizontes – Gartenblumen, Menschen und Landhäuser scheinen an einem fast außerirdischen Fest teilzuhaben. Solche Bergstunden haben oft ebenbürtige Mondnachtstunden im Gefolge; wohin man blickt, redet aus ihnen neues Geheimnis der Mondnacht und tränkt den Wandernden aus tieferen Traumbrunnen als Schlaf. Das Herz wird angerührt von himmlischem Ahnen, so daß es großmütig all der geliebten irdischen Herrlichkeit zulächelt. Daß ein Lebender, ein Irdischer dies fühlen darf!

Durch die unerschöpfliche Grundmelodie der Jahreszeiten, die uns immer bedeutsamer erklingt, schlingt sich die endlose Kette jahreszeitlicher Überraschungen, nicht unähnlich denen, welche die Lebensalter der menschlichen Natur im Geistigen und Körperlichen zu bereiten nicht aufhören.

An herbstgoldenen Waldrändern flatterten weiße Falter empor, Veilchen und Primeln blühten noch einmal wieder. In den Tagen des ersten Novembereises zirpten Grillen im Mittagssonnenschein, Scharen von Vögeln flogen hin und her und zwitscherten süß und munter in gelben Wipfeln; in der Dämmerung kamen Fledermäuse und naschten von vertrockneten Pflaumen im Obstgehölz.

Ende November ragten noch goldene Birken- und Lärchenkronen aus weißem Rauhreif-Wipfelmeer. Im Dezember sah man im Waldesschutz noch mancherlei winzige Blumen blühen und am Tage darauf den Abendstern groß und rötlich hinter mondhellen Schneegefilden untergehen. Im Garten bei großer Kälte badeten Vögel in der frischgefüllten Vogeltränke neben halbverschneiten blühenden Schneerosen.

Am Neujahrsmorgen bebte das Haus wie ein Schiff vom Sturm, umwirbelt von Herbstblättern des alten Jahres, aber die milde Luft war voll Vorfrühlingsduft; ehe noch die eine Jahreszeit ihren vollen Zauber entfaltet, erklingt schon das ahnungsvolle Vorspiel der nächsten. Mitte Februar flogen die ersten Zitronenfalter im Walde, aber dem wärmsten Tag folgte nächtlicher Schneefall, von Blitzen erhellt. Bald schwebten wieder Schlittschuhläufer im Park an blühenden Schneeglöckchen vorüber. Mitte März schneite es ins ergrünende Land, und der Gesang der Lerche ertönte hoch aus dem Flockenfall herab.

Am hohen Sommertag wölbte sich über dunkelgrüner Welt eine aufgeregte, frühlingshafte Wolken- und Himmelspracht, und abends lagen über den Feldern weiße, mohnbestickte Nebeldecken.

Am Septemberende folgten kühle Sturmtage einer warmen blauen Mondnacht mit stundenlangem Wetterleuchten. Durch beschlagene Fenster, in denen sich knatterndes Ofenfeuer spiegelte, lachten die Farben vollbehangener Apfelbäume.

Freundliche Zurufe

Groß ist in der allgemeinen Hast unseres Lebens, die aber meist nur auf Einbildung, Nervosität und schlechter seelischer Verdauung beruht, die Versuchung zu dürrer Sachlichkeit. Diese ist aber nie am Platze. Die leise persönlich-menschliche Note im Umgang mit anderen fördert Sachlichkeit, Kürze und Klarheit am stärksten. Überraschend freudige Liebenswürdigkeit lebt in Verkäuferinnen, Kellnern, Schaffnern, Taxichauffeuren und anderen im Massengetriebe tätigen Menschen sogleich auf, wenn wir sie ganz so anreden, wie wir an ihrer Stelle angeredet werden möchten.

»Laß nur erst mal wieder Frühling sein«; mit diesem Satz leben viele Menschen an den Schönheiten der Winternatur vorbei. Nicht nur der Winter, sondern fast alle Gegenwart ist ja für die meisten ein Wartesaal erster oder zweiter Klasse; allem Hohen und Frohen, was sich an ihnen versucht, reichen sie nur mit halbem Vorbehalt die Hand, indem sie denken: »erst muß dieser oder jener Druck noch von mir genommen sein, dies oder jenes erreicht oder gesichert werden, dann gehöre ich dir recht.« So geht's im halben Vorbehalt durchs ganze lange Leben.

*Grämlichkeit versteht nicht die beiden Erlebnisworte:
Schon das Erträgliche ist ein Fest. Und: Mitten im Unglück kann Glück wohnen – über alles Bedürfen hinaus.*

Drei Zurufe an unser inneres und äußeres Leben mögen unsere Geruhsamkeit zuweilen unterbrechen:
    Laß in Worten und Gedanken von Pauschal-Abneigungen und Pauschal-Verdammungen ab – Pauschal-Zuneigungen sind förderlicher.
    Verzichte möglichst auf feindliche Worte gegen einzelne oder Menschengruppen; hilf den geistigen Militarismus bekämpfen, bei dem es ja nicht bleibt.
    Und schweige lieber ein paar Augenblicke, statt sie durch sichere Aussagen über Dinge, die du nicht ganz sicher weißt, zu erniedrigen.

Weg durch unbekannte Heimat

Heute abend lockten mich schöne Wolkenfernen aus meinem Garten auf einen unbekannten Feldweg, einem heimlichen Pfad, der unerwartet eine neue Welt erschloß, ein liebliches Tal.

Gefühle aus einem alten Kindertraum erwachten, in dem bekannte Wohnräume in unbekannte Zimmerfluchten übergingen.

Und dies hattest du so lange in deiner Nähe, ohne es zu wissen und im Gefühl zu haben – denken wir so oft bei Neuentdeckungen und Wiederentdeckungen in der Landschafts- und Menschen-Nachbarschaft, in Wohnung und Garten.

Neu und eigen sind die Schätze, die das Herz in jeder neuen Gegend, an jedem neuen Waldsaum und Bachufer sammelt; und das Niegesehene ist uns schon ahnungsvoll bekannt, wie Vertrautes immer wieder so wunderlich neu.

Ich wanderte lange durch abendrotumflammten Wald und trat dann ins Helle. Was duftete hier so wunderbar?

Aus Erlengebüsch am Bach tönte unbekannter Vogelsang ins feuchte Abendschweigen. Ein unerkanntes weißes Blühen leuchtete vom Waldrand her.

Wie sich neue Saiten in uns spannen! Und im Weiterschreiten wird schon alles leis beglänzt von den neuen Offenbarungen, die auf uns warten.

Was mag dort hinter den Tannenhügeln, was hinter der Lichtung sein? Wie es vorwärts lockt ins Unbekannte!

Neue Pforten wollen sich dir eröffnen.

Hinter alten Kiefern blaut eine unerwartete Fernsicht, in die sich der schräge Wasserstreifen eines Kanals verliert. Verwundert erkenne ich an einem fernen Baumwipfel die Rückseite der kleinen waldigen Hügellehne, hinter welcher unser Haus, Garten und Dorf liegt.

Aus der großen Verlassenheit der Moore und Wiesen steigt die zauberstille Hügeleinsamkeit entrückend fremd empor, als läge das alles irgendwo in Hindustan. So also sieht von dieser Richtung her die Landschaft aus, in der ich wohne und weltweite Jahrzehnte, reich an höchstem Besitz und Verlust, an unvergeßlichen Reisen und unvergeßlicher Rückkehr, durchlebte. Wie von seltsamer Warte blickt man in sein Leben dort hinüber und von oben hinein, fast wie in das eines anderen. Weltverloren liegt dort das Hügelgefild mit seinen verworrenen Waldstreifen, das mich näher angeht als all die tausend durchreisten Landschaften; und nahe rührt es an die Gärten und Paläste jenes alten großen Königs, vielgenannte Stätten, allen Fernen der Erde bekannt.

Hier war ich noch nie; wie schön ist die alte Steinbrücke über dem Kanal. Diese Flußwiesen am alten Eichenwald sind es wohl, auf denen im Mai der hohe

Enzian zu finden ist. Noch oft zur Enzianzeit will ich über diese Wiesen und zur Steinpilzzeit durch diese Wälder gehen.

Unser Leben reicht nicht, die unermessenen Räume und Schönheitswelten der Nachbarlandschaften zu erschauen und auszuschöpfen, die rings unsere Wohnlandschaft umlagern.

Ein Fischerkahn rudert vorüber, nimmt mich auf und gleitet in die Hindustanlandschaft hinein. Auf weitem Umweg gelange ich in die alte Allee, die dicht an meinen Garten führt.

Stärker aus gewohnten Stimmungen und Zusammenhängen gehoben als von mancher Reise, kehren wir von solchem Gang nach Hause zurück.

Frühlingsneuland

Sie ist nun wieder im Anrücken, die merkwürdige Jahreszeit, wie alle Jahreszeiten im Tempo der Springprozession – die unbesungenste, ungemalteste aller Zeiten des Jahres trotz aller Bilder und Gedichte, obgleich sie den Dichtern und Malern so lange Modell steht und gar nicht daran denkt, kurz und vergänglich zu sein, wie naturferne und gartenfremde Verehrer ihr nachsagen.

Blick um dich, auch in dieser Weltstadtstraße, rase nicht wieder, an der jungen Ulmenreihe vorüber! Denn es ist März. Aus einem kahlen Winterbaum hat er schnell ein Linien- und Arabeskenschmuckwerk geschaffen zur würdigen Fassung einer schwarzen Amsel, die ihre Ahnungen zum blau und weißen Wolkengeschiebe emporsingt.

Wer sprach je von Linden im März? Eine junge knospende Linde mit ihrem sterndurchfunkelten Sprossenwunderwerk wurde neulich in einer nächtlichen Straße vom Laternenlicht angeleuchtet. Ein Auflauf von staunend aufblickenden Menschen hätte sich bilden müssen.

Still gehen wir an kahlen Baumreihen vorbei eine kleine regennasse, abenddämmerige Bahnhofstraße entlang und denken: Wo bleibt denn hier der Frühling? Plötzlich steigt hinter einem Giebel, vom goldroten Bogenlicht getroffen, ein blütentroddelschwerer Pappelwipfel hoch ins Sterngeflimmer.

Recht ersättigen kann man sich in langen kühlen Märzwochen an den Farben und Reizen des Kätzchenflors der alten Bäume, der Erlen, Weiden, Pappeln, Birken. Welche weichen, gedämpften Nachtfalterfarben tauchen da auf und welche dumpfen, urwäldlichen Düfte, in denen Werden und Vergehen in eins verschmolzen scheint. Immer neue Baumgestalten füllen sich mit graugrünen, gelbgrünen und rotbraunen Farbenmassen; nie gemalte Schönheit blickt in jedes Landhausfenster: Dort drüben ragt ein graugrüner Birkenwipfel in ein Wolkengebirge auf, das noch nicht sein fertiges Weiß hat, wie die Birke noch nicht ihr Grün.

Dann wieder setzen die langen, blauen, windstillen Wetter-Festtage im März und in der ersten Aprilhälfte ein, die eine unglaubliche Behaglichkeit über die noch winterkahle Welt breiten. Vor einem Wasserblau von südlicher Tiefe stehen die kahlen Uferbäume wie auf braunen, haargelegten Biedermeierbildern, und bläulich-violette Töne hüllen mit zartem Hauch selbst nahe Wald- und Parkufer ein.

Morgens beim Erwachen kann man oft kaum fassen, daß wieder voller strahlender Frühling ist. Manchmal dreht man ihm noch bei heller Sonne den Rücken, weil er schon so früh am Werke ist und viel Schlaf zum Opfer fiel an Abendstunden und Nachtigallengesänge; oder bei Nachtigallenstille ans wunderliche Gesinge des großen Brachvogels, der wochenlang jede Nacht, unter Frühlingssternen fliegend, bald fern, bald näher kommend, von immer neuen Sternbildern herab eindringlich sein Lied weit hinsingt in steigender und fallender Strophe, unsäglich abseits von Klage und Lust. Seit Jahren ist das Nachtgeschöpf zu hören, aber nie zu sehen.

Auch Frühlingsfrühe schont keinen Schlaf, doch ihre Urweltfrische ersetzt ihn, saugt alle Müdigkeit auf und macht es unmöglich, bei offenen Fenstern gegen Amsel und grüne Funkenregen, Pirol und schleierumwehte Blütenkronen anzuschlafen.

Überall im Reich der Frühlingssträucher und Frühlingsstauden wimmelt es von Gestalten, die ein gewichtiges Wort in das Frühlingsgespräch zwischen Himmel und Erde hineinzureden vermögen. Und gerade von all diesen Glanzgebilden erlesener Schmuckkirschen, Schmuckäpfel, chinesischer Frühlingsrosen, Neuschöpfungen von Flieder, Goldregen, Weigelien, Jasmin, Schwertlilien und Tulpen kann man sagen, daß sie dem ungekannten Frühling angehören.

Wenn wir sie mit der bescheidenen Schönheit aus früheren Zeiten vergleichen, fühlen wir uns von diesen Verwandlungen im Mark berührt und beschwingt, – als sei uns ein Gleiches geschehen wie der Pflanze und als spiele sie etwas vor, was noch mit ganz anderen Dingen geschehen mag.

Unerschöpflich ist der Strom der überraschenden Fortschritte und Farbenklänge, die unsere Begriffe von der feierlichsten Frühlingsblume, der Schwertlilie, in ungeahnten Richtungen erweitern.

Ganz neue Farbenprovinzen erschließen sich: muschelrosa, tabakbraun, kornblumenblau, orangerosa und blaue Töne von einer Noblesse, die noch kein Farbenwort hat taufen können. Durch warme Mahagonitöne ziehen sich Bernstein- und Feuertopas-Klänge. Ein unbezeichenbares Bronze-Braunrot kämpft mit orangefarbenen Blumenbärten, wobei der Streit durch einen blauen Stahlhauch ausgewogen wird.

Ein anderes Wunder von Adel und Lebenskraft, eine Riesin mit lilasamtenen, hellumrandeten Hängeblättern, hat den gelblich-blauen Dom des Blumeninnern wie mit Lampenlicht erleuchtet, das in drei goldenen Strahlen vorbricht. Schwarzblaue Iris von mehr als Spatenhöhe sorgen für Baßklänge inmitten heller Farben.

Fast ungläubig begrüßen wir morgens frisch erblühte, unwahrscheinliche Schönheitswagnisse. Unfaßbar, welche Orchideenpracht aus trockenem Gartensande steigt. Kehren wir ins Haus zurück, so finden wir das Zimmer halberfüllt vom Duft der weißen Iris »Schneegöttin«, der wie die Aura einer Königin der weißen Blumen scheint.

Mitte April am Gartenmauerplatz über der Landschaft

Durchs halboffene Fenster tönt Amselsang und fernes Donnerrollen. Aus kühler Luft der Vorhalle tritt man ohne Mantel in laue, balsamische Gartenluft und trinkt sie wie Wein nach Wasser. Alle Düfte der Wildnis und Bergfrische walten nach Regen in Frühlingsgärten. Schweres Gewölk zieht nach Osten ab, feuriges Ätherblau steigt über der grünenden, knospenden Welt auf und spiegelt in feuchten Widerscheinen.

Gleich nach dem Regen sind die nassen Blumenpolster wieder von Bienen umsummt und bald auch von Faltern umflogen. Noch einmal hallt kurzes, schwaches Donnern herüber wie das Zufallen ferner, schwerer Tore. Nässe dampft von den Zäunen, jeder Blick wandert über Knospenmeere hin. Aus schwarzem Astwerk der Fruchtgehölze, das edlem Schmiedewerk gleicht, brechen Blüten wie Juwelierarbeit vor.

Der Amselsang dringt seit Wochen in Wohnung und Gespräch hinein – abends noch aus der Dämmerung in lampenhelle Zimmer. Und morgens in der Frühe, wenn aus voller Sternennacht leise blaues

Licht erblüht, dann quillt er tief erregend aus schlafgetränkten Gärten und singt den fernhin verschwebenden Gestirnen nach.

Die alte Kastanie vor den blauspiegelnden Fensterscheiben stand gestern noch in großen Knospenbällen, – heut brechen schon die grünen Beterhände vor. Wie mannigfaltig dies glühend junge Grün durch die frühlingssauberen Gärten ringsum! Noch lassen wogende Knospenwände weithin Blütenbüsche und Gewänder in Nachbargärten, frühlingsblaue Berg- und Himmelsfernen durchschimmern. Doch schon beginnt der Laubausbruch und Blütenkätzchenbehang die großen Baumkuppeln und -wölbungen zu füllen, – halbvergessenes, unerschöpfliches Raumglück bereitend.

Drüben in der Mädchenschule wird unermüdlich ein vielstimmiger Gesang geübt. Hundert Silberstimmen der Vögel singen mit. Bilder aller Jahreszeiten fluten durcheinander: dicht neben braunem Vorjahrslaub dringt junger Blütenschein und stilles grünes Feuer aus rissigem Holz. Auf Krokuswiesen liegt das Schattennetzwerk umrankter kahler Baumriesen, zu denen man erwartungsvoll aufblickt wie zu den Masten eines reichbeladenen Schiffes, das bald die Segel setzen wird. Die kahlen Bäume tragen in die Frühlingserfüllung erregendes Warten; von heißer Frühlingssonne umflutet, erscheinen sie uns wie Schlafende, für die wir eine herrliche Nachricht haben.

Mit steigender Wärme beginnt am Himmel wieder das Walten großer Wolkengestalten, das auch in idyllische Landschafts- und Gartenbilder einen heroischen Zug trägt.

Hoch über dem Gesang der Gartenvögel führen jetzt die Lerchen die Oberstimme. Aus grünen Saaten steigt, von Schlehen gesäumt, violett-braunes Waldgebirge empor, das unter Wolkenschatten sogleich erblaut. Die dunklen Forste sind durchwirkt von hellgrünen Spitzflammen der Lärchenbäume. Hinter den Waldbergen thronen Eisgebirge aus Wolken und schimmern durch kahle Kammwipfel wie Schneefirnen durch Vorgebirgswälder. Der Fluß ist über die hellgrünen Ufer getreten. Sumpfdotterblumen heben Gold aus Wiesengräben, – dort flattert der Kiebitz seine unruhigen Flüge wie mit bösem Gewissen. Wechselgesang der Amseln kommt aus blütenbeladenen Spitzpappeln, die wie Purpurträume in böige Wolken ragen.

Vorüber an Dorfhäusern, Schiffsmasten und den verworrenen kleinen Hafengeländen wandert eine alte Allee kahler, aber grellgrün blühender Ahorne einem Höhensaum nach, – dort, wo frühlingsblaue Höhen und grüne Saaten erregend durch Stammreihen leuchten, gekreuzt von einer andern rotbraunen Allee, die sich fernhin durchs Land schwingt und vorbei an grauem Gehöft und rosa Pfirsichgesträuch einem Hügelsattel zustrebt, hinter dem schwefelgelbes Horizontgewölk mit einem Fetzen Regenbogen hängt. Die vertraute Landschaft lächelt wie unter Tränen.

Lauer, feuchter Wiesenhauch weht heran, mit namenloser Frühlingsfracht beladen. Urwelthaft frühlingsschaurig dringt Geruf der Wasservögel herüber. Ein Bauernwagen fährt langsam vorbei, und noch durch sein Rumpeln hört man das Silber der Lerchenstimmen rieseln, die Glocke des Kuckucksrufs läuten und fernen Hahnenschrei verhallen.

Die Schule hat die Sängerinnen rings in die Frühlingsgefilde entlassen; eine von ihnen wandelt, die Mappe am Arm und von einem Freund begleitet, dicht an der Gartenmauer vorüber. Jugend und Frühling stäubt wahrhaft aus den Stimmen, und in den Gesichtern steht das leise, halb spottende, halb feierliche Lächeln über dies alte Mysterienspiel Jugend – Frühling – Liebe.

Die Primeln und Aurikeln im Farnbeet haben wieder ihre mannigfachen wohlbekannten Sammetaugen aufgeschlagen. Man ist geschmeichelt, in der Primel- und Aurikelzeit zu leben. Manche ihrer Düfte schweben, getragen von atmosphärischen Düften der Tagesstunde, weit über die Gartenwege hin.

Vorüber ist jetzt die lange Krokuszeit, – das wohlige, armeausbreitende Lichttrinken der bienenumsummten kleinen Krokusfamilien. Die große Tulpenzeit hat begonnen. Nachmittagssonne scheint feierlich in das weiße und bunte Blühen der Gesträuche und Blumen. Schräge Frühlingssonne liegt oft mit unirdischem und jenseitigem Licht in Blütenzweigen, als stünden die Sträucher schon halb im Paradiese. Ein paar alte Bäume steigen kahl und winterlich daraus hervor, – sie gleichen alten, etwas schwerhörigen Herren, die einen Witz noch nicht verstanden haben, über den schon ringsherum gelacht wird; bald aber

holen sie die Heiterkeit in Wald und Garten nach,
ganz wie die finsteren Nadelhölzer, – verjüngen
dann mit ihrem leuchtend frischen Grün weithin den
vorgeschrittenen Frühling.

Ein früher Duftschneeball mischt seinen berauschenden Hauch in warme oder kühle Düfte der Veilchen, Hyazinthen, gelben Tulpen. Diese scheu verströmenden Festlüfte wecken Ahnungen göttlicher Schöpferkräfte. Die Welt ist nicht bei ruhigen Sinnen erschaffen. Weither verhallt der letzte Donner, – der Amselsang wird jauchzender, – die kahlen Wipfel sind von Schwalbenflug umzogen, vom großen Wolkenspiel durchblendet.

In solchen Frühlingsstunden wohnen Kräfte geistig-körperlicher Erneuerung und Wandlung, für die wir Wochen nötig glaubten. Frühlingsfeuer werden in unserm Innern entzündet, die noch abends bei Sternenlicht und Lampenschein in uns nachglühen.

Leben mit der Natur

Das Lebensfeuer zahlloser Menschen schwelt zu sehr nach innen und brennt erst in heller, stiller Flamme, wenn der volle Kontakt mit der großen Naturwelt hergestellt wird.

Jede Pflanze ist ein seltsamer, ein grandioser Einfall der Natur, der sich in frommer Unbekümmertheit an uns wendet und in unser Weltgefühl einbezogen sein will, was uns wiederum zwingt, die Spannweite unseres inneren Lebens nach immer neuen Seiten hin zu vergrößern, in die uns bekannte und neue Pflanzen locken. Es erstehen allgemach, zunächst noch ungefeiert und leise, ganz neue Bahnen des Verkehrs zwischen Seele und Welt.

Die menschenverbindende, alle Gegensätze geheim versöhnende Kraft der neuen Pflanzen- und Gartenfreuden wird immer tiefer und bewußter erlebt. Die wachsende Herrlichkeit des Gartenreiches reißt die Menschen aus Stummheiten und Fremdheiten heraus.

Wenn wir jahrzehntelang die gleiche schlichte Landschaft zwischen flachen Waldhügeln, Obstfeldern, Gärten und flußverbundenen Seen bewohnen, werden uns fort und oft ebenso einmalige Naturerlebnisse geschenkt wie in großartigen, oft wieder besuchten Meeres- und Hochgebirgslandschaften.

Der Raum bringt Rosen

Der fremde Raum der Erde liegt bis Indien und China offen. Was birgt sich in den Riesenfernen an geheimer Macht, uns zu verwandeln! Der Anblick von Globen und Karten wird uns immer lebensvoller. Die Reiselust und Weltneugier hört nicht zu wachsen auf.

Wie oft hielt eben erst erreiste weite Ferne ureigenste Erfüllung unsres Daseins, unsres Strebens uns bereit, – welch ein Verlust, es nicht erlebt zu haben!

Die Zeit bringt Rosen, – der Raum noch mehr, – nimm so viele Erdenweiten als irgend möglich ans unersättliche Reise- und Wanderherz!

»Es redet trunken die Ferne wie von künftigem großem Glück«, – sie hat nur allzu recht und redet viel zuwenig. Wieviel tausendschichtiger und unerhörter ist meist Freude als Vorfreude!

Der Raum als Rosenbringer tritt in immer größeren Wetteifer mit der Zeit, denn das Wachstum aller Raumüberbrückung, Fernverbundenheit und erfolgreichen Tätigkeit rings auf Erden macht dich auch schon zum Zeitgenossen zahlloser Wunscherfüllungen, von denen uns vermeintlich noch ein Ozean von Zeit, – in Wirklichkeit jedoch der Raum nur trennt;

zuweilen der Ozean oder eine Tagesreise, oft nur ein paar Schritte oder Meilen.

Überall warten kaum bekannte Errungenschaften des Weltfortschritts und werden von uns entdeckt wie ein Stück Zukunft in der Gegenwart. Wie beweglich muß man doch im Raume sein und bleiben, um auszuschöpfen oder wenigstens zu wissen und zu ahnen, was unsere Zeit bereits errang! Am fernen Ort empfängt uns manch kaum erhofftes Morgen schon als Wirklichkeit von Heut und Gestern. Und so mancher Fortschritt, der in einem Lande an der Spitze steht, kam ihm aus einem andern Land hereingeweht.

Heimat und Vaterland eröffnen dir erst Anfangsbereiche des Erlebens, für das deine Seele doch geschaffen ist. Du durchwanderst fremde Orte und entlegene Lande oft wie enthüllte Traumgefilde, die seltsam ans Herz greifen, das ihnen dann lebenslang nachhängt. Du triffst auf fremde Menschen andern Volkes, welche dich schneller und tiefer erfassen als Menschen deines Heimatlandes und unvermutete Kräfte und Spielarten der Sympathie und Liebe aufwecken, die sonst weitergeschlummert hätten wie gar nicht vorhanden.

Und keine Rückkehr läßt Reisen je zur Ruhe kommen. Erinnerungsleben umspielt wie Wetterleuchten und Falterflug den Heimgekehrten mit unsterblicher Frische, die wir in der Jugend kaum ahnten. Wie unverbraucht liegt doch Vergangenheit in uns.

Reise doch, bleibe doch, – reise dennoch! Wenn wir fuhren, sind wir gut dabei gefahren. Der Himmel breitet heitere Schutzhände über Reisen und verscheucht selbst Reue, die vorweggenommen so manche Reise hinderte.

Doch über alles Reisen und Wandern hinaus seien in die Weiten und Fernen der Erde so viel Fäden als möglich gesponnen, die ja in die ewigen Überraschungen der Heimat zurückführen.

Auch hier mag der Kultus des Raumes seinen Fortgang nehmen und in Haus und Garten und Landschaft zu unermüdetem Weiterbilden der Räume führen. Fast jeder Raum kann edlere Rosen bringen als bisher.

Öffnen sich doch nah und fern immer mehr Wege, an denen unerwartete Rosen blühen, – Rosen ewigen Nachflors, die am schönsten duften, wenn wir auch Anderen Zuwege breiten, nicht bloß darauf vertrauen, daß die Zeit ihnen Rosen bringen werde.

Und dazu gehört auch das Wissen um die Fülle unerwarteter, grausamer Dornen, welche die Raumbeengung des Wohnens und Lebens und Arbeitens noch für so viele Menschen mit sich bringt.

Die Hilfsbereitschaft, die gleich rechter Dankbarkeit nicht gerne in Gefühlen steckenbleibt, sondern Kraft und Neigung und Einfallsreichtum zum persönlichen Eingreifen hat, hilft auch die Atmosphäre weitreichenderer Lösungen und Entdeckertaten vorbereiten, aus denen erst die wahre Wohnlichkeit des Erdenraumes für Alle hervorgehen wird.

Unter Ölbäumen und Zypressen

Frühe Apriltage in Florenz

Schon die erste Stunde in Florenz ist wunderlich tiefe Lebenserfüllung. Alles entspricht dem Adel unserer Träume. Die Landschaft ist viel gewaltiger als auf den Bildern. Diese Lichtbilder, oft irreführend durch ihre Verbindung von Treue mit Falschheit, lügen uns Berglandschaften zu Hügellandschaften um. Ich gehe weit oberhalb der Stadt im Garten eines uralten Kastells auf und ab, der einen Rundblick auf die unabsehbare reiche Landschaftswelt offen läßt, in deren Kessel und Talferne Florenz sich meilenweit mit seinen Nachbarorten erstreckt.

Die Welt liegt in Abendbeleuchtung und beginnendem leisem Regen. Zypressen von Spitzpappelhöhe ragen hoch an die Turmfenster.

Jetzt schon, Anfang April, blühen gelbe Rosen am Turm. Nun fallen schwere Regentropfen auf die Zypressen – jeder Tropfen stäubt eine Wolke von Blütenstaub auf. Das ganze Stadttal überzieht sich mit Regendunst, von Abendsonne durchleuchtet wie von Feuerschein, vor dem die Türme und Dome der glockenläutenden uralten Stadt ihre edlen Silhouetten abzeichnen.

Ich wandere an bewachsenen Gartenmauern hin und atme ständig Duft von gelben Mimosensträuchern. Eine kohlschwarze Katze springt mir auf die Schulter, obgleich ich erst eine halbe Stunde lang in Florenz bin – bleibt behaglich sitzen, springt dann ab, um eine Eidechse zu jagen. Zitronenfalter flattern um die Goldlackblüten an der Mauer. Zum Zeichen des Südens tragen die Flügel zwei Orangeflecken.

Die große Ebene nach Pisa hin glänzt jetzt mit weißen Würfelhäusern und Zypressen aus rosa Dunstschleiern hervor. Plötzlich wird der Himmel blaugrau wie an nordischen Winterküsten. Aprilwetter über Florenz zieht alle Register bedeutungsvoller Beleuchtungen.

Am nächsten Morgen ragen die fünf Meter hohen Mimosen des Gartens mit kreischendem Hellgelb in sattblauen Himmel und schneeweiße Marmorwolken. Das treuherzige Silbergeruf deutscher Vogelstimmen durchhallt die feuchte Morgenluft des Südens, die sich beim Atmen anfühlt, als hätten auf diesem eingespielten Instrument von alters her alle Düfte musiziert. Man hört Zaunköniggesang aus Zypressen, gewöhnt sich an Nachtigallengesänge, die aus Palmen und Lorbeerdickichten kommen, sieht Schlehdorn unter Pinien blühen, Monatsrosen und Lavendel zwischen Feigenbäumen und duftende Freesien neben Stiefmütterchen leuchten. Es ist eine tolle, trunkene und doch edle, gebändigte Welt.

Mit wilden Rufen werden an Straßen friedlich Veilchen und Früchte angeboten. Man hört es weit herüberhallen und füttert dabei wilde Schildkröten auf heißer Gartenmauer.

In Wiesen- und Waldgründen, Olivenhängen und Gärten blühen lila Anemonen und gelbe Wildtulpen, kleine rosafarbene, innen weiße Tulpen und sammetbraune Iris, unter Pinien leuchten hohe weiße Heidekräuter.

Im Garten war zu überlegen, womit man die beherrschende Farbe der gelben Mimosensträucher ergänzen könnte. Es fanden sich als einzige, stark wirkende Ergänzungssträucher Feuerquitten und Kamelien. Wir pflanzen also weitere Mimosen und Zypressen aus Töpfen, die unten in Florenz von den Baumschulen bereitgehalten werden. Gartengestaltung und Arbeit beschleunigt das Vertrautwerden mit der fremden Natur, wie es der Tanz im Verkehr mit Frauen tut. Schon werden uns Zypressen heimatlich, Pinien zu verklärten Kiefern. Man bestaunt die Anpassungskräfte der seltenen Pflanze Mensch.

Auf Schritt und Tritt erkennt man Niegesehenes wieder und bestaunt dazwischen lauter Dinge, welche die Maler und Dichter uns unterschlagen haben: wie schön sieht das aus, wenn nach einem Frühlingssturm, der Massen roter Blütenblätter von den noch überreich weiterblühenden Kamlienbüschen schüttete, die Sträucher ringsherum dunkelrote Schatten werfen, hinter denen sich rissige, gedrehte Stämme der Korkeichen hochwinden.

Eine merkwürdige Mischung von morbidem Stammwerk mit tropisch kraftvollem Silberlaubgerüst ist doch der Ölbaum! Er weckt keine Liebe auf den ersten Blick – aber lerne ihn vierzehn Tage lang kennen. Welch ein Spiegel atmosphärischer Beleuchtungsvorgänge! Nie ist er schöner als im Mondlicht. Er ist ein wahrer Mondscheinbaum. Auf Wind und Regen antwortet er mit Silberschauern.

Wundervoll, wenn aus einem Olivental plötzlich ein Horst dunkler Zypressen emporfährt! Kein großer Baum kann unbeschadet seiner Üppigkeit so eng stehen wie die Zypressen. Der Aufbau dieser dunklen Spitzenflammen ist von Baum zu Baum so mannigfach, daß unser Auge eifrig damit beschäftigt bleibt.

Die edle Landschaftsschale Florenz trägt die Geisterstätte, in der Dante, Lionardo, Michelangelo lebten, wie einen Schatz ohnegleichen.

Ein unbegreifliches Fluidum erfüllt den Bezirk und adelt alles Lebensgefühl, das sich ihm hingibt. Wie vorgeahnt, wie überraschend ist die sanfte Florentiner Frühlingstrunkenheit! Die säkulare Erhobenheit, in der noch außerdem das südliche Frühlingsglück sitzt, als gehörte es mit zur großen, blühenden Geisterwelt, verfolgt uns auf Schritt und Tritt, ja bis in die Markthallen der Stadt hinein, in der seltsame Fische und Blumen mit Farben wetteifern.

Bei langem Blick aus dem Turmfenster werden immer neue Hügel mit Schlössern und Kastellen sichtbar, auf welche schräge, mauergefaßte Wege durch Wälder, Ölbäume und Gärten hinaufführen. Man gewahrt immer wieder andere uralte Gemäuer und Türmchen in Zypressen vergraben, von grellen Beleuchtungen aufgeschreckt, aus Wirrsalen auftauchend. Man sieht's manchmal mit einem leisen Schreck, so wie man in der Wildnis Tiere gewahrt.

Kahle Laubbaumalleen und Platanenreihen durchziehen die immergrüne Welt. Überall, auch mitten in den Häuserhöfen und tiefen Stadtgärten, leuchtet Mimosengelb aus sonoren immergrünen Tönen. Tausende und aber Tausende von Zypressen wachsen als feierliche Gartenbäume in Gärten, Friedhöfen, Anlagen, in Straßenreihen, Siedlungen der gartendurchwebten Höhen und klettern als wilde Bäume noch hoch in die Berge. Sie sind wundervolle Raumbildner und Größenmaßstäbe, feierlich wohnliche Nachbarn aller Häuser und Schlösser.

Auf kahlen und waldigen Bergen liegen Wolkenschatten wie kostbare violettbraune Stoffe. Und dazwischen glühen die Winterfarben der Steineichen im späten Sonnenstrahl wie vulkanischer Boden von innen heraus.

Diese gelöste paradiesische Garten- und Landschaftswelt bringt alsbald eine eigentümliche Haltung der Seele hervor. Es ist, als hätte man die Kämpfe der Erde schon hinter sich und lebte hier noch als Gast weiter in herrlich heiterer Zwischensphäre.

Halb ist man noch auf der Welt, – halb hat man den Fuß in ein lichteres Elysium gesetzt.

Blumenüberraschungen ohne Ende

Der Garten vermag den Schmelz des Daseinsgefühls in unvergleichlicher Weise zu nähren. Eine frohwüchsige, taufunkelnde Pflanze in erster Morgenfrühe läßt den Betrachter mitfunkeln von Tau. Viele Gewächse lassen auf mancherlei Weise ihr Wohlsein in das unsere überströmen.

Immer neue Vorläuferblumen des Vorfrühlings geben uns das Gefühl, als bereicherte sich unser Dasein um eine neue Zeitspanne, eine neue Morgendlichkeit unseres Lebensgefühls. Die Jahreszeitenuhr muß nun ihre Zeiger ein wenig umstellen. Dem Geheimnis der wandernden Zeit wurde ein neues Lächeln abgewonnen.

Zuweilen tut die Verfrühung einen großen Schritt: aus Bergfernen Kleinasiens kam die neuentdeckte hohe blauweiße Scilla tubergeniana und verlegte den Beginn der blauen Scilla-Zeit um volle vierzehn Tage vor in die Mitte des Februar. In gleicher Jahresfrühe erblüht, als ein Geschenk der rumänischen Berge, ein orangeroter Lerchensporn.

In unserem Garten wächst als Wegeinfassung die immertragende, mittelgroßfrüchtige Erdbeersorte »Machern«, deren Stauden uns vom Juni bis zum ersten Frost alle zwei Tage eine große Schale schönster aromatischer Früchte liefern. Und der Anblick der immer überreich weißblühenden Büschlein mit dem roten Fruchtgefunkel bleibt eine dauernde Augenfreude.

Der züchterische Umgang mit der Pflanze führt uns immer wieder in abenteuerliche Überraschungen. Der Gärtner schafft die wissenschaftlichen und handwerklichen Grundlagen für neue Züchtungen und steht dann plötzlich vor Blumen, die wie von Engelshänden geformt scheinen. Keine Phantasie kann die Noblesse dieser Geschöpfe vorher ahnen, bei deren Anblick der Züchter oft denkt: Reiche Gott einen kleinen Finger, und er nimmt die ganze Hand.

Gemeinsame Gartenfreude mit geliebten Menschen gehört zu den herzbewegenden Erlebnissen des Daseins. Auch die geliebten entschwundenen Gestalten haben noch immer teil daran, und ihre Worte und Gebärden, die einer bestimmten Pflanze im Garten galten, leben weiter und umschweben nach Jahrzehnten noch einen Gartenwinkel wie Rosenduft – umgeistern vielleicht eine Stätte, an der die Pflanze, die sie umweben, auch verschwand. Lang entrücktes Leben flüstert da miteinander seine leisen, unsterblichen Worte.

Erregungen an Gartenzäunen

Nachbarzäune sind alte Überlieferungsplätze für Erregungen mannigfacher Art, nicht etwa nur für die Drohungen und Verwünschungen, die wir alle schon als Kinder an diesen verfänglichen Stellen zu hören bekamen.

Auch die entgegengesetzten Begegnisse fingen hier schon früh an, wenn das rote Kleid hinterm Fliederzaun sichtbar wurde. Später bekam es Freundinnen in anderen Kleiderfarben, die unaufhaltsam älter wurden. Auch nachbarliche Farbenbüsche von Phloxen und Malven wurden kräftiger – so daß man in der Eile beim Hinüberblick durchs Zweiggewirr vor Herzklopfen Blütengewächse und Mädchenstauden durcheinanderkrachte.

Mit der Häufigkeit der Besuche drüben wuchs der Ärger des Nachbargärtners über zertretene Plätze am Zaun. Diese Erregung aber hatte wie gewöhnlich noch ganz andere Gründe. Der Sünder fing an verborgener Stelle Singvögel in einem Bauer. Wir hakten es herüber, ließen die Vögel los und hakten es geordnet wieder zurück. Schlimmeres als Singvogelfang hätte man uns nicht antun können.

Zur stärksten Verwünschungsszene am Zaun, die sich gegen uns richtete, führte eine andere Vogelart.

Frau Peschkes Hühner krochen immer durch den Zaun. Zur Strafe steckten wir sie in einen Sack und stiegen damit auf unser Dach. Leute, die Flügel haben, ohne zu fliegen, sind häufig, aber bei den Hühnern ärgerte es uns schon lange. Oben auf dem Dach warfen wir sie hoch in die Luft hinaus. Mit Riesengegacker flogen sie wie Geier über Traueresche und Rosenbeete an Frau Peschkes Busen. Im Lärm fingen wir hauptsächlich das Wort »Lustmörder« auf. Die Hühner flogen prächtig. »nu geht's ja plötzlich«, schalt mein Bruder hinter ihnen her.

Wir kannten zwei Familien, die wegen einer Zaunlücke und durchgekrochenen Getiers auf sieben Jahre auseinandergerieten. Versöhnung erfolgte durch Romeo und Julia im Konfirmationsalter, deren wachsende Zaunfreundschaft die alte Verkrachung hinweglachte.

Merkwürdig wurden von unserem Kindersinn alle alten Nachbarn mit mancherlei schönen und altmodischen Pflanzen und Blumen ihrer Gärten in eins gesehen und für immer von ihnen angefärbt, so daß wir die alte Kastellansfrau mit der Haube nicht mehr von der Akelei an ihrer Weinlaube, den Kammergerichtsrat nicht von seiner Waldrebenberankung und die alte Lehrerin beim besten Willen nicht von ihren Georginen trennen konnten, die Jahr für Jahr wieder erschienen, ohne irgendeine Sortenänderung, und uns zum Ohrwurmfang dienten.

Wie gern würden doch unsere Augen noch einmal den uralten Bergamottbirnenbaum am Nachbarzaun wiedersehen, wo drei Gärten zusammentrafen. Asphalt deckt seine Stätte.

Im weitausladenden Geäst war eine kleine Wohnung mit wasserdichter Bibliothek gezimmert, in der Robinson Crusoe und Sigismund Rüstig und andere Reisebücher mit verbogenem Deckel zur Verfügung standen. Heraufgezerrte Mädchen mußten kochen. Irgendein Gericht brutzelte da meistens vor sich hin. Es wurden in Glutasche geröstete Kartoffeln mit Salz und Butter gereicht, die wir aus dem vergitterten Kellerfenster der »Hexe Quikenquax« mittels langer, am Ende durchnagelter Stange herauspickten.

Eine Nachbarzaunfreundin hatte eine reizende kleine Schwester, die manchmal über den Zaun gereicht wurde und auf dem Arm getragen werden durfte. Wir liebten sie unbeschreiblich, – wie ja zärtliche Freude an viel kleineren Kindern und Geschwistern einen großen Teil bewußten Kindheitsglückes ausmachen kann. Sofort nach der Zaunüberreichung der Kleinen erschien oben am Fenster immer das Muttergesicht. Einer aus unserer Rotte hat tatsächlich später das Persönchen geheiratet.

Die »Hexe Quikenquax«, deren Abneigung wir uns durch die Einkleidung ihrer Katze in ein rotes Wolljäckchen mit zugebundener Haube erworben hatten, worin sie aus einer Astgabel herunterguckte, beschuldigte uns eines Tages gegen einen Dritten, daß wir sie um den kümmerlichen Obstertrag einiger Bäumchen gebracht hätten. Der ältere Bruder griff ein und verwirklichte einen umgekehrten Max-und-Moritz-Streich, den er von unserem Vater reichlich finanziert bekam. Als die Quikenquax am nächsten Tage aus ihrem Fenster blinzelte, fand sie ihre Bäumchen reich mit rotbäckigen Äpfeln durchhangen.

Ein einsames Nachbarfenster lockte zu anfangs leiser, später kräftiger Beschießung mittels Katapult, bis mein Vater einen Brief mit der Wendung erhielt: »Da ich weiß, daß ein einziges Wort diesem Übelstand abhelfen wird...« Wir mußten sofort hinübergehen, um uns zu entschuldigen und vom Taschengeld die Scheibe zu bezahlen. Kameraden gesellten sich zu uns, und noch andere stießen hinzu, und so fand das türöffnende Männchen siebzehn kräftige Knaben vor seiner Tür, die sich alle entschuldigen wollten. Er entwaffnete uns völlig mit den Worten: »Ihr wollt mich zwar verulken, aber ich will euch lieber etwas Schönes zeigen, was ihr nicht leicht zu sehen bekommt«, und führte uns an seine großen Aquariumgläser, in denen ein Stichlingsnest und vieles andere zu sehen war, was Knaben Freude macht, – versprach auch Hilfe und Rat, falls wir selber Aquarien einrichten würden. Häufiger Besuch mehrerer Kumpane setzte ein.

Oft spielten wir auf der alten Gartenmauer, welche die Straße am Kupfergraben vom Garten des ehemaligen Finanzministeriums trennte, zusammen mit dem späteren Dichter Wilhelm von Scholz, Sohn des altwilhelminischen Finanzgewaltigen, und erfanden altbekannte Belustigungen. Verborgen in einem jungen Kastanienwipfel, ließen wir an dünnem Faden ein sandgefülltes Geldtäschchen auf die Straße, schnellten es jedesmal bei bevorstehendem Zugriff eines hoffnungsvollen Finders nach oben und applizierten zur weiteren Ernüchterung des Enttäuschten noch einen feinen Wasserstrahl aus einem Gummiball.

Reizend war's auch in anderer Leute Gärten, mit deren Nachbarn gleichfalls immer viel passierte, – am schönsten in Onkel Heinrichs Garten vor der Stadt hinter dem Tiergarten. Er war eigentlich unser Urgroßonkel, neunzig Jahre alt, und behandelte uns mit unerklärlicher Auszeichnung und Heiterkeit wie Geschöpfe aus einer anderen Welt. Zu Goethes und Napoleons Zeiten schon ein reifer junger Mensch, brachte er uns in der herrlich altmodischen Gartenwohnung pfeiferauchend und anekdotenerzählend den Lebensfrohsinn und die Gartenfreude eines ganzen gewesen Jahrhunderts nahe. Von seinen Obstbäumen untrennbar, pflegte er ständig daran herum, so daß man nicht mehr wußte, wo Onkel Heinrich aufhörte und der Apfelbaum anfing.

Eines Tages sagte er: »Aus den Gravensteinern sind morgens immer die reifen herausgeschüttelt.« Ich bekam Erlaubnis, mich früh im Garten zu verstecken. Nicht lange, so polterte etwas am Nachbarbretterzaun. Eine ganz alte Frau stieg herüber und las sich die Früchte aus dem Gras in die Schürze. Als ich einen schrillen Pfiff ertönen ließ, polterte sie schnell über den Zaun zurück, ließ die Beute nicht locker, aber einen Pantoffel fallen. Onkel Heinrich band Monatsrosen und Heliotrop in den Pantoffel, mit einem Zettelchen: »Nichts für ungut«, und schickte das Paket, gut eingewickelt, mit der Weisung zu persönlicher Übergabe hinüber. Dumpfe Stille zwei Tage lang. Dann kam ein eingewickelter Korb mit bunten Pflaumen zurück. Onkel Heinrichs Zettel lag darin.

Das waren noch Zeiten ...

Nicht wir suchen die Erinnerung, sondern sie sucht uns und hat ihre Absichten dabei. Das Alter neigt sich nicht wehmütig über aufsteigende Erinnerungen aus ferner Vergangenheit, sondern ein unermüdliches farbiges Zauberspiel der Erinnerung aller Lebenszeiten neigt sich in ewiger Frische, Fülle, Bereitschaft und Unverbrauchtheit über jedes Lebensalter, – von der Jugend bis zum Hochalter. Diese Auferstehungskraft durchwirkt das vergängliche Leben mit irdischem Unsterblichkeitshauch: »Alles wird mir immer neuer, und das Vergängliche zieht das Kleid der Unvergänglichkeit an« (Goethe).

Unser Umgang mit dem großen Nachgeleucht des Erlebten ruft in Unglückszeiten oft nur ein Zerrbild dessen hervor, was es uns sein sollte; »das waren noch Zeiten«, sagen oft diejenigen, welche diese Zeiten am häufigsten falsch deuten, also ihren wahren Gehalt auch am wenigsten ausschöpfen. Anstatt jedem Glückshauch, der aus dem großen Erlebnisschatz hereindrängt, auch Dankgefühle bereit zu halten, neiden wir an unserem eigenen Erinnerungsglück herum und messen gegenwärtige Bedrücktheiten mit dem Maßstab des Gewesenen. Wir feiern nicht den Sinn und die Begnadung dieses unerschöpflichen inneren Weiterlebens, rechnen das große Wetterleuchten des Gewesenen nicht auch dem elektrischen Wetter von heute zu.

Unser Gedächtnis an manche Episoden und Epochen unseres Lebens läßt dann wieder ganze Welten des Frohsinns, der Daseinsfülle und Arbeitsfreude von damaligen Leiden umdunkeln und versperren, zumal wenn wir die Leiden nicht tief genug verarbeiteten, um sie ganz in die Hände höherer Macht zu legen.

Doch auch Erlebtes, was scheinbar vergessen wurde, lebt weiter im Unterbewußtsein und wirkt dort Unergründetes. Mit Recht heißt es, daß wir oft Wunden, die wir im achtzehnten Jahre empfingen, im achtzigsten noch nicht verwunden haben.

Aber auch schon das Kindheitsglück schreibt mit diamantenem Griffel unvergängliche Schrift; und so haben bereits Kindheit und Jugend ihr schwärmerisches und ernsthaftes Erinnerungsleben. Sie ahnen noch nicht, mit welchem unvergänglichen Stoff sie umgehen.

Feinste Glücksempfänglichkeiten und Erlebniskräfte reichen ja auch weiter in die Kindheit hinab, als Erwachsene sich und anderen oft klarmachen. Am spürbarsten ist dies wohl an Naturerinnerungen; kaum etwas anderes kann die Kinderseele tiefer erwecken als frühzeitiger Aufenthalt am Meer und im Hochgebirge und das Leben mit einem eigenen Gärtchen. O Morgenglanz des Daseins, das mit allen dreien getauft wurde!

Kindheitserlebnisse begleiten uns durchs Dasein, nicht bloß als Erinnerungen, sondern auch als gestaltende, weiterbauende Kräfte. Wir staunen immer wieder, mit welcher Eindringlichkeit und Unterscheidungskraft wir schon vom sechsten Kinderjahre an etwa den Geist einer Landschaft, das besondere Geheimnis eines Berges, einer Blumenart oder Fruchtsorte empfanden, so daß unser Gefühl in späteren Jahrzehnten auf die gleiche Kerbe trifft.

Die Stimmen der Vergangenheit wollen nicht zur Ruhe kommen, weil wir in mancher Sache nicht so leicht zur Ruhe kommen sollen – und weil sie immer bessere Antworten von uns erwarten.

Mit der Nase um die Erde

Schade um die vielen Düfte, die ungerochen bleiben! Das Musikinstrument »Nase« ist erstaunlich unbenutzt – ein zugeklappter Bechsteinflügel. Noch ahnen die Menschen selten, mit wieviel Musik für die Nase sie verhältnismäßig leicht die zwölf Monate des Jahres erfüllen könnten. Die Menschen würden sich sogar ein besseres Atmen angewöhnen, wenn sie die Würzen und Düfte der Natur dem täglichen Leben nicht so künstlich fernhielten.

Die Menschen sind neugierig, wie es in China oder in den Tropen riecht und was für Zauberdüfte exotischer Blumen und Früchte fremdartige Melodien auf unseren Nasen-Instrumenten spielen. Daß aber die gleiche schöne Fremdartigkeit der Duftüberraschungen unerschöpflich auch aus unserem eigenen Garten hervorbrechen kann, diese Tatsache ist ihnen völliges Neuland; ebensowenig ahnen sie von der Herkunft fast aller Duftquellen unserer Gärten aus weitesten Fernen der Erde.

Ich saß einmal bei einem Zahnarzt lange wartend mit einem Matrosen zusammen und ließ mir von ihm an Hand einer Weltkarte berichten, wie es überall auf der Welt gerochen hatte. Er geriet allmählich in Feuer und erzählte, wo es am schönsten geduftet und am schlimmsten gestunken hätte, – berichtete vom Vorfrühlingsduft auf der überregneten Nordsee an plötzlich warmen Märztagen, vom Meereshauch der Äquatornächte, von der wunderbaren Gewitterluft der Meere zwischen den Südseeinseln, die reiche Düfte weit in die Wasserfernen hinaussandten, während blauer Ferndunst noch ihre Palmenküsten den Augen verborgen hielt. Er berichtete von den Kaninchen- und Herden-Gerüchen Australiens, dem Gestank der Walfischtranfabriken Südafrikas, dem Heugeruch in Valparaiso, vom zeitweiligen Stallgeruch Genuas und den herrlichen aromatischen Kräuterdüften der Mittelmeerinseln im Frühling und Sommer.

Alle Zahnschmerzengefährten hörten eifrig zu. Viel eifriger, als wenn jemand von Geruch und Duft des Gartens in allen Jahreszeiten erzählt hätte!

Für viele Leute hat der Lebenskultus schöner Düfte einen ganz geringen Beigeschmack von Überfeinerung; das könnten sie natürlich ebensogut von der Musikpflege sagen.

Wer gern mit Düften lebt, denkt manchmal, getragen von ihren wundervollen Kräften, mit staunendem Mitgefühl an die Menschen, die sich nicht genügend oder höchstens mit Tabak gegen den künstlich kahlen Zustand ihrer täglichen Atemluft wehren; nur künstlich ist ein duftloser und würzeloser Zustand der Luft zu erzielen. Sogar im verschneiten Walde duftet es jeden Morgen anders.

Das eigentliche Quellreich der festlichen Düfte ist und bleibt der Garten, der hierfür allerdings alle möglichen Zonen und Fernen der Erde in Anspruch nimmt, – der Garten mit seinen duftenden Früchten von Juni bis Weihnachten, mit seinen Blumen von Februar bis November und mit seinen wintergrünen aromatischen Zweigen.

Man müßte wissen, wo auf Erden und in welchen Nachbarschaften jede unserer Duftpflanzen umherduftet, um ihren Duft richtig zu atmen! Wer ahnt, mit welchen Orientgerüchen sich die Düfte wilder Hyazinthen in ihrer Heimat mischen – oder in welcher abgründigen Fremde uns auch im Atlasgebirge die Gerüche wilder Veilchen überfallen? Wer weiß beim Atmen der Arabisdüfte, daß ihr zärtlich-gebrechlicher Ruch bis in die Arktis strömt? Oder daß der nährkräftig süße Duft der Glyzinentrauben, der von den Ufern des Kaiserflusses in China zu den Schiffen hinüberweht, noch vor hundert Jahren in Europas Gärten unbekannt war?

Wie schön für den Weltreisenden, der in Chinas Wildnissen Glyzinengerüche und im Himalaja Bergclematisdüfte geatmet hat, morgens in seinem europäischen Heimatgarten bei Frühstück von diesen beiden vereinigten Weltparfüms angeweht zu werden, – oder wenn er Phlox- und Akaziengerüche von den Rändern der Prärie, Duftströme der riesentellerigen Zwergholunder aus Kanada oder Indianernesselwürzen atmet, diesen ferngeborenen Düften als feinsten Essenzen aller Reiseabenteuer in der Heimat wiederzubegegnen.

Könige im Duftreich sind besonders die umherstreifenden Gerüche und Würzen, die sich durch ihr Umherwandern zu Klängen verbinden und ihren

Charakter beständig durch Verschmelzung mit anderen Pflanzendüften, aber auch mit der Duft-Aura der feuchten Frühe, des heißen Mittags oder milden Abends abwandeln – oder aber vom Hauch der Bergeshöhen und Matten, dem Atem der Strande, Wälder, Wiesen und Felder neue Prägung erfahren und schließlich im großen Zuge und Vorübergang der Jahreszeiten ihre veränderte Rolle unter neuem Vorzeichen spielen.

Es ist etwas ganz anderes, ob Veilchen an heißer Felsecke schon zur Februar-März-Wende oder Ende April im Zimmer duften oder ob sie im Herbst und Spätherbst ihre verwandelten fruchthaften Düfte durch Blattmodergerüche schwimmen lassen.

Im Spätherbst und Winter, meinen viele, sei es doch wohl zu Ende mit den schönen Düften. Man sitzt etwa an einem warmen Spätherbstnachmittag am offenen Fenster. Kinder haben im Garten auf einem kleinen Steinsockel Kartoffeln in der Asche geröstet. Der Rauch zieht würzig durch die ganze Gegend. Im Hause duften lagernde Quitten und Äpfel. In diese Gerüche mischen sich die Düfte der beiden ältesten Gartenblumen der Erde, später Rosen und Chrysanthemen.

Es gibt unter all diesen Früchten und Blumen schwachduftende und solche, die ihren Duft umhersenden und ein ganzes Zimmer füllen; es gibt Rosen- und Apfelsorten mit vertrauten oder mit sehr fremdartigen Düften, Chrysanthemen mit herben und strengen Drogengerüchen und andere Sorten mit wunderbar süßem und frühlingshaftem Vanilleduft. Frucht- und Blumensorten haben feinste Dufteigenheiten wie die Weine. Hier fangen die genauesten Unterscheidungen an, welche den Kennern der edelsten Weine, Tabake, Kaffee- und Teesorten wohlbekannt sind und so viel zu schaffen machen. Was hat Veredlungsarbeit aus Düften wie Flieder, Veilchen und Phlox gemacht!

Im Winter bleiben fürs Zimmer die Duftquellen der Nadelholzzweige, Lavendelsträuße und Schalen mit reifenden Äpfeln oder Bratäpfeln. Dazu kommen monatelang Hyazinthendüfte, denen sich die anderer leicht treibbarer Duftblumen zugesellen.

Von Lavendelbüschen des Gartens, von jungen Kieferntrieben und anderen Gartengewächsen gewinnt man auch zum Räuchern für die winterliche Wohnung prachtvolle Stoffe, die sehr zu Unrecht von den meisten Menschen ungekannt und ungenutzt sind, obgleich doch jeder von uns sehr die Verbindung solcher Düfte mit Geheimnissen der Festfreude und Musik erlebte.

Moments musicaux

*Die Lerche in ihrem Märzgesang vom Himmel her
nimmt uns oft vom Munde, was wir fühlen und nicht
sagen können; sie läßt sich auch vom letzten Schneege-
stöber nicht mehr stören, das unser Auge kitzelt, wenn
es das Vögelchen da oben sucht – dies Jubelkleinod, das
uns vielleicht beschämen könnte, die wir doch leichter
störbar sind, trotz aller tausend Freudenquellen.*

*An einem Sommertag des Jahres traf ich in der Abend-
dämmerung in Paris ein und ging noch gleich in die
Weltausstellung. Der Weg führte durch eine Allee bunt-
bestrahlter und mit Lautsprechern durchhangener
Wipfel bis zur Seine-Brücke, an der schon lampenhelle
Schiffe lagen. Man wanderte musikumhallt, doch Mu-
sikanten waren nicht zu sehen. Aber es summten Himmel und Erde eine gewaltige Händel-Melodie ohne
Ende.*

*Im Winteranfang gab es in den strahlenden Festsälen
des Berliner Hotels Kaiserhof eine großartige Chrysan-
themum-Ausstellung. Jeder Saal war nicht nur ganz
besonderen Blumenzüchtungen gewidmet, sondern
auch noch mit Käfigen voll jubelnder Kanarienvögel
durchhangen, die von Singvogelzüchtern saalweise in*

ihren besonderen Sangesqualitäten ausgestellt wurden. Unvergessen die Doppelpracht der Blumen und Gesänge! Edle Vögel der Kanarischen Inseln umsangen die älteste Gartenblume des Ostens an einem deutschen Winterabend.

Schneller Gang durch Venedig

Kommt man da am Nachmittag seines Lebens in der Sommermittagshitze zum erstenmal nach Venedig, in dieses Weltwunder einer Stadt. Die Zeitspanne von vier Stunden reicht nur zum ersten Erkundungsbesuch; denn Wochen wären nötig, um dies bestürzende Abenteuer auszuschöpfen. Es ist gar nicht heiß und drückend, nur sehr hell. Ich ging sogleich in eine Hafenkneipe und aß und trank dort inkognito vor mir selber. Niemand auf Erden wußte, wo ich war. Nach einer Flasche Chianti wußte ich es auch nicht mehr recht und streifte nun lächelnd im Zickzack durchs uralte Venedig und seine Gassen über die kleinen Kanäle hinweg, ahnte nicht, daß man stundenlang zu Fuß durch Venedig wandern kann.

Trotz der Sommerwärme sind die Kanalwasser nicht träge und still, sondern fluten meeresblau und frisch. Die Gondeln sind wie im Mittelalter glänzendschwarz und mit goldenen Seepferdchen geschmückt, die schwarze Schutzschnüre halten. Wohin man sieht, gondelt jemand vorbei. Ich traf Gondeln an einsamen Brücken und Gassen, an denen die Gondolieri singend und fröhlich vorbeisteuerten. Erstaunlich geschickt und schnell halten sie ihr Gefährt mit einem Ruder in Bewegung und Richtung.

Selbst die Eingeborenen fahren hier Gondel, nicht nur die Fremden; kleine Leute ziehen sogar damit um. Die Möbel werden vom Wasser her den herunterlangenden Armen entgegengereicht. Bei Regen bekommen alle Gondeln schwarze Verdecke. An den größeren Kanälen sind Plätze frei gelassen zum Stapeln der schwarzen Verdecke. Gelbe Katzen springen dazwischen herum.

Jede Gasse steckt voller Bezauberungen; wie ausgestorben scheinen die Häuser, und doch sind überall Ströme von Menschen unterwegs. Zwischen ihnen sah ich keinen »Fremden«, wir waren so recht unter uns. Ich ging wie unter einer Tarnkappe; oder ist es die uralte Kultur dieses Volkes, die alles neugierige Starren und Verwundern bändigt?

Jedes Haus ist hier anders, alle Palastfassaden sind verschieden; statt der Fenstergläser füllen oft segelbunte Markisen die Spitzbogen. Manchmal sind Familienwappen, ein andermal religiöse Motive architektonisch benutzt. Die Wasserfront jedes Palastes hat farbige Wasserpfähle für die Hausgondel mit besonderen Farben und Besitzermonogrammen.

Alles ist voller Türme, Giebel, Veranden, Dachgärten, ummauerter Kanalgärtchen, über deren Mauern Zedern aufsteigen und Glyzinendickichte hängen. Immerfort möchte man darüber auflachen, wie reizend anmutig alles unten und oben horstet. Am liebsten wäre man hier Dachgartenbewohner mit Blick zum großen Alpenkranz im Norden und zum blauen Adria-Süden.

Aus allen Luken und Turmfenstern schauen Tauben oder Blumen oder Gesichter; oder plötzlich hängt eine große goldene Glocke darin. Die Türme sind riesig hoch und ragen imponierend. Marmor spiegelt bläulichen Himmelsschein, und aus Fugen uralten Turmgemäuers bricht seltsames Grün wie aus Steingärten.

Oft verengen sich die Gassen so, daß in Läden mittags Lampen brennen; hoch oben im schmalen blauen Himmelsspalt schwingt sich Schwalbenflug.

Überall riecht es seltsam. Uralte Backgerüche mischen sich in Düfte alter Kramläden, die mit grünem, Frische spendendem Kraut gegen die Hitze umhangen sind und ganz voller Gurken und hundertfältigen fremden Grüns stecken. Das riecht so merkwürdig und ist durchströmt von Düften wie aus chinesischen Drogenlagern, und Parfüms gepuderter Mädchen mit flammend gemalten Mündern schlingen sich durchs Ganze.

Flache, uralte Treppen führen ans Kanalwasser, Brücken schwingen sich zierlich auf Privattüren zu, an denen goldene Klingelklöppel hängen. Hier scheint niemand mehr zu Hause seit dem Mittelalter. Doch oben gucken überall buntgekleidete Mädchen aus den Fensterruinen wie farbige Vögel aus hohlen Bäumen.

Die ganze tolle Stadt ist in Musik gebadet, – alles summt Melodien und hört auf summende Radios; kleine Kinder wiegen singend noch kleinere; Leute mitten beim Kauf im Laden trällern plötzlich behaglich los; Knaben schreien und laufen überall wie toll, lassen bunte Drachen steigen neben uralten, orgeldröhnenden Kirchen, deren Marmor vor Alter wie das beinerne Skelett eines Gebäudes aussieht.

Eine bestimmte blaue Farbe herrscht in allen Läden und Schaufenstern. Jede Minute wird man tiefer eingesponnen; grüngläserne Vinetaträume eines Seefahrer-Jahrtausends legen sich uns auf die Brust.

Glasgedeckte Brücken schwingen sich zwischen blumengeschmückten Stockwerken über die Kanäle; die Leute dort oben reden weit über die Wasser hin. Grün- und blaulasierte Kübel mit Pflanzen stehen herum. Glyzinen toben vor grünem Geleucht. Aus Parterrefenstern an den Kanalplätzen steigen Schlinggewächse hoch an den Häuserfronten hinauf. Wer da wohl wohnt oder einst gewohnt hat?

Fäden laufen von Venedig in die ganze Weltgeschichte. Hier muß doch Marco Polos Haus noch irgendwo liegen oder seine Stätte! Im zwölften Jahrhundert brach er von hier nach Osten auf und wurde Minister des Kaisers von China. Als er nach zwölf Jahren wieder in Venedig anlangte, mit dem goldenen Klöppel an sein Kanalhaus schlug, sagten ihm die Bewohner, Marco Polo sei verschollen; der Große Rat jedoch setzte ihn, mit schnellem Blick auf seine juwelenbesetzten Gewänder, zu hohen Ehren ein und lauschte atemlos wochenlang auf seine Märchenberichte. Der Markusplatz soll nun ganz nahe sein; aber Gewirre von Gassen gibt's noch zu durchqueren, die auf wunderschöne Plätze münden. Es wimmelt von Denkmälern gefeierter Leute, von denen man noch nie ein Sterbenswörtchen gehört hat.

Plötzlich tut sich der Markusplatz mit seiner verwegenen, verträumten Architektur auf, deren Kräfte von einer ehernen Disziplin zu Bildern und Stimmungen von imponierender Würde geführt werden.

Anbetung dem Markusturm, dem Turm aller Türme!
Es steigt einem heiß in der Kehle auf, wenn man zu
dem Göttergebilde emporstarrt. Die schönsten alten
Bauwerke scheinen von morgen, nicht von vorgestern.

Ich besteige nun endlich auch eine Gondel und
fahre auf dem Canale Grande an fremdartigen, buntgetönten Palastfronten und Kirchen vorbei zum neuen Bahnhof zurück. Meine Hand befühlt den heißen
Rand der leise schwankenden Gondel. Ich schließe
die Augen, atme die Wasserfrische und horche nur
auf das Geräusch Venedigs. Das Leben der uralten,
malerisch-bröckligen Stadt geht seinen frisch-lebendigen Gang und saugt das moderne Leben dazwischen auf, so daß es den Traum nicht stört.

Unser Staunen auf dieser herrlich langen Fahrt
den ganzen biegungsreichen Kanal der Paläste entlang hebt uns aus allen Sätteln. Der historische
Schauer, mit dem uns diese Venedigwelt, diese Viknetawelt, aufgetaucht wie aus den Tiefen der Weltgeschichte, erfüllen kann, wirkt abwechselnd unheimlich und wohltätig. Wir Menschen von heute
fühlen uns bei diesen Blicken in eine magische andere Welt wie von geistigen Erdbebenkräften angerührt, aber gleichzeitig durch klärenden Einblick in
hundertfältiges Wurzelwerk aller Kunst- und Geistesgeschichte gestärkt.

Jede Minute spielt uns Welten alter wagnisreicher
Schönheit und Lebendigkeit in die Hände.

Schrecklich alt ist die Welt schon. Man spürt es auf
unersetzliche Weise, wenn man Venedig sieht. Hier
muß man mit der Liebsten sein.

Gesichter in der Menge

Selbst die größte Menschenfülle in Straßen, Bahnhöfen und Versammlungssälen läßt unser Aufmerken auf die Einzelgesichter nicht erlahmen. Wir werden nicht müde, in diesen Hierogrammen zu lesen. Und es geschieht, daß aus der Menge schattenhaft vorübergleitender Erscheinungen Gestalten auftauchen, deren Kommen und Verschwinden uns seltsam bewegt.

Im Theater oder Konzertsaal hören und schauen wir zuweilen unwillkürlich stärker mit den Sinnen und Gedanken eines fremden Nachbarwesens als mit unseren eigenen. Und die Erinnerung an ein Antlitz der Zuhörermenge lebt dann oft in uns weiter wie in geheimer Beziehung zu dem Kunstwerk, das uns mit ihm zusammenführte.

In allen Ländern der Erde tauchen vor uns Gesichter wie aus gewesen Zeiten auf – Augen begegnen sich scheu über Zeitabgründe hinweg. In Amsterdam überraschen uns die alten Rembrandtgesichter mit unverändertem Ausdruck; in Korsika kreuzen Hirtengestalten aus dem Altertum unseren Weg; im ganzen Orient scheinen viele Menschen aus vergangenen Jahrtausenden zu stammen. Auf Gemälden und in Skulpturen der

Kirchen erkennen wir den ortsansässigen Menschenschlag – und sehen dann in den Straßen die Engelsprofile auf dem Fahrrad, die Erzväter im Kaufladen.

Manchmal weckt eine Dichtung das Gedächtnis an eine kurze, fast vergessene Menschenbegegnung und leiht dort äußeres Leben von einer Gestalt, die inneres Leben aus der Dichtung empfängt. Aber die Kraft der schweigenden Begegnung auf den großen Straßen des Lebens kann noch viel weiter gehen. Sie hat Jahrhunderte überdauernde Gestalten aus Dichterseelen hervorgerufen: so die Gestalten der Mignon und des Harfners aus ihren lebenden Urbildern, die Goethe im Postwagen auf der Reise vom Walchensee nach Mittenwald traf. Oder die krönende Gestalt in Dantes ewigem Gedicht: Beatrice, die aus einer Augenblicksbegegnung des ganz jungen Dante an einer Florentiner Brücke mit einer schnell vorüberschreitenden, noch kindhaften Mädchengestalt erwuchs. Minuten genügen für Jahrtausende.

Wie oft geht Unscheinbarkeit mit Bedeutsamkeit Hand in Hand! »Stoßen Sie sich nicht an seinem unbedeutenden Äußeren«, stand in einem Empfehlungsschreiben, das Mozart verschlossen mitgegeben wurde, »aber achten Sie darauf, wenn er dirigiert.«

Manchmal scheint sich eine falsche Grundhaltung der Seele in einer Menschenerscheinung symbolisch und warnend zu verkörpern. Ahnungslos wandert dann so etwas umher, weiß nicht, was es darstellt, läßt seine Fahrkarte nachsehen und faltet die Zeitung auseinander, um sich über fremde Fehler zu erregen.

Wie erlebe ich in manchen Stimmungen Gesichter begegnender Menschen – so etwa bei körperlichem Wohlbefinden, nach beglückender Geistesarbeit, nach Betrachtung großer Werke der Bildnismalerei, die unseren Blick auch für das koloristische Wunder vieler Gesichter schärft; oder in der Frühe und Frische des Morgens, unter mattbeleuchteten Betergruppen in Kathedralen, im behaglichen Gewimmel nebliger Gemüsemärkte oder eifrig besuchter, von singenden Schulklassen durchzogener Blumenausstellungen. Oder in großen Musikhallen, wo sich in tausendköpfigem lautlosem Schweigen das ganze Geisterreich zu öffnen scheint, wenn wir den Donnerchören der Freude und Mitempfindung lauschen, mit denen ein großer Abgeschiedener sein schreitendes Menschengeschlecht befeuert und um Tausende solcher Bande der Erschütterung schlingt, daß wir nach dem Konzert im Straßenverkehr erkannte Mithörer wie Menschen betrachten, die bei Sturm und Gewitter mit uns auf dem gleichen Schiffe waren.

Der Wagenzug fährt hoch über der Straße an den Häuserfronten entlang, so daß man in hundert erleuchtete Wohnungen wie in Querschnitte des Lebens hineinsieht. Alle Fenster tragen das Zeichen des Kreuzes. Die dunklen zwischen den erhellten sind wie Symbole der Lichtunterschiede in den Schicksals- und Seelenzuständen mit ihren Himmeln und Höllen, gebunden oder nicht gebunden an Schuld oder Nichtschuld der einzelnen. Auch die Fahrtgenossen um dich her haben nicht etwa eben eine Pause in ihren Schicksalen; überall gehen die großen Lebensgewitter ihren ewig überraschen-

den Gang und phosphoreszieren in alles Tagewerk hinein. Und jedes dieser unbekannten Wesen wird als höchster Erdenschatz und höchste Erdensorge von anderen im Herzen getragen.

Mittsommernacht und Morgen

Der Juni ist der Riesenmonat tiefer Himmelsbläue und marmorweißer Turmgewölke über leuchtendgrünem Laub. Er hat das Licht an sich gerafft und schenkt uns so viel helle Lebensstunden, daß wir sie kaum durchwachen können.

Fast unabsehbar sind die Stichwortreihen des großen Junispiels für Wald und Flur und Strand und Hochgebirge, für Himmel, Garten, Vogelsang und Wildgetier – und auch für Falter, Käfer und Libellen, die vor dem Juni nicht zu sprechen sind und nur in unsre Gärten kommen, wenn ihre Lieblingspflanzen locken; und welche neuen Düfte, Töne, Wandlungen durchweben nun die Welt der Fischer, Gärtner, Bauern und der Waldbetreuer. Man betet Namen von Hauptakteuren des Monats wie Perlen eines Rosenkranzes ab: Holunder, Linde, Geißblatt und Akazie, Erdbeere, Wasserrose und Jasmin, Leuchtkäfer, Feuerlilie, Riesenmohn und blaugetürmte Rittersporne, umhaucht vom Duft der Kletterrosen und Madonnenlilien. Wir erleben die ersten Kirschen, Erbsen, warmen Badezeiten und goldweißen Haufenwolken, die sich zu Gewittern türmen.

Der Gartenmensch von heute nimmt Wildnis und Landschaft ganz so ans Herz wie seinen Garten, – gehört er doch der Gilde der Wanderer und Reisemenschen an. Es lockt ihn ohne Ende in Wildnisräume seiner Heimatwälder oder fremder Küsten, – zurück auch ohne Ende in die Zauberwelt der Gärten.

Aus abendlichem Garten ruft uns jetzt der Wald herüber zur Lichtung an dem kleinen Wildgewässer, weil dort der einzige Glühwurmplatz der ganzen Gegend liegt. Den Weg umlagern altvertraute Juninachtgerüche. Der Glühwurmkorso ist schon wieder voll im Gange. Wie traumhaft wunderlich ist die Bewegung dieser grünen Feuer!

Leuchtkäfer bleiben ihren Plätzen durch ganze Menschenalter treu. Im Gesträuch an dem vergißmeinnichtbewachsenen Uferhang, aus dem das dunkle Läuten des Unkenrufes kommt, leuchtet ein Phosphorschein, den hier ein dichter Glühwurmtrupp durchs Laubwerk schimmern läßt.

Doch ist es Zeit, zum Garten heimzuwandern, um noch das Abschiednehmen mancher Blumen vom letzten Abendlicht zu sehen.

Vielleicht kommt Regen. Man atmet tief den jungen Laubgeruch der Nacht und wandert auf dem Moosweg lautlos dem goldenen Horizont des Nordens zu, der hinter zauberstarren Büschen steht.

Die Gartenblumen sind schon mit den Schlafgewändern angetan. Der Riesenmohn sieht schwärzlich aus, und andre Blumen sind gespenstisch silbergrau. Wo sind die Farben hinversenkt? Nur manche blauen Rittersporne stehen in Wechselrede mit dem letzten Schein des Tages. Schwertlilienfarben sind in Dämmerung versunken, – doch ein paar große weiße Blütenstiele leuchten noch weithin. Ihr Hauch steigt in die feuchte Nachtluft auf. Aber woher streift nun plötzlich oder nächtlich-feuchte Feld- und Wiesengeruch hier in den Garten und mischt sich in den Duft von Nelken und von Rosen?

Fremdartig wird die Landschaft und der Garten vom Licht aus dem Norden angeleuchtet. Bis Mitternacht bleibt jetzt der rötlich goldene Schein am Horizont. Zuletzt wie man nicht recht, ob der dem Noch gehört oder dem Schon. Der Nachbar, der oft nur um Mitternacht noch Zeit für seinen Garten hat, geht jetzt auf seinem weißen Blumenwege auf und ab – er blickt zum Nordrand hin und beträumt das große Schon und Noch, das die Welt beherrscht.

Sternblinzelnd eilt die kurze Juninacht dem Morgen zu. Sie hat genügt, die Erde neu zu schaffen. Knospen, die abends spitz geschlossen standen, sind schon beim ersten Frühlicht offene Schalen, feucht von Tau. Jeder Blick aus den Fenstern des Hauses fällt auf leise schwankende blaue Blütentürme des Rittersporns nah und fern. Der Anblick läßt uns beim Erwachen gleich sehr munter werden wie Gesang. Die ersten Sonnenstrahlen fahren in den schattendunklen Morgengarten und bringen hier und dort vieltönige blaue Orgelpfeifen zum Erklingen. Die taugeschmückten Blumenwesen haben mit offenen Augen tief geschlafen und neue Kraft aus kurzer Sternennacht getrunken, um nun gestärkt mit blauer Frische den goldbekränzten Morgen zu beherrschen.

Die Amseln sagen abends noch, als schon die Sterne in blankem Lichte standen; morgens hallt nun ihr schlafgetränkter Sang inbrünstig durch die Frühe, wenn noch im Westen Nachtblau mit dem letzten Stern verblaßt.

Der Junisang der Vögel geht wochenlang durch Wälder und durch Gärten. Und wenn sein Silberklang im Morgengarten von allen Zweigen in die Blumenbeete rinnt, die rings von Tau und Farben blitzen, so scheint er wie von Schalen aufgefangen, um neuen Widerhall bereichert, – kein Ton geht da verloren. Ein Frohlocken der Natur steigert das andere.

Ein Abgrund ewiger Fülle und Verheißung öffnet sich dem neuen Leben mit der Natur; doch die Geschenke unsrer schönen Erde erwarten auch verstärkte Wachsamkeit des Höchsten, was im Menschen lebt, damit der Schönheit Blüte nicht um ihre Frucht gebracht wird: Weltmannstum und Güte.

Nachtgedanken

Das Licht des aufgehenden Vollmondes züngelt in die großen weißen Phloxbüsche und die Kerzen weißer Rittersporne. Der Mondschein entrückt die weißen Blütengewächse unfaßlich weit dem Licht des Tages.

Noch erkennt man alle bunten Farben, bestaunt die Verschiedenheit der Düfte und findet die ambrosische Sommernacht von ihnen gewürzt wie vom Uratem des Glücks. Die Sterne stehen wie über dem Paradiese.

Der Mond steigt höher, begrüßt vom leise verträumten Heulen des großen weißen Samojedenspitzes. Man atmet tief den warmen oder feuchtkühlen Blumenhauch und gedenkt der Mondnächte in den Jahren der Bombenwürfe, in denen das Heulen des Hundes zu warnen schien.

Es wird immer klarer: Wir lebten bisher in einer allzu bequemen Gotteszuversicht und bauten den Weg aller Wege nicht aus, der überströmende Empfindungen dahin führt, wo gerade Ebbe ist.

Zur Ergebung in Leiden und Entbehrungen fremder Menschen waren wir allzu schnell bereit, zumal wenn räumliche Entfernung unser Mitgefühl einschläferte.

Wohl spürten wir oft, wenn über Wipfel und Turm die ersten Sterne aus dem Blau traten, die heilige Drohung da oben.

Doch die warnenden Stimmen der oberen Welt wurden allzulange überhört; denn das absolut Böse hatte sich enthüllt wie noch nie auf Erden und das Nichtböse wie nie zuvor in seinen Dienst gepreßt. Aber erst unser Unglaube an die Möglichkeit des Allerbösesten hat dessen Verwirklichung möglich gemacht.

Wir haben es tief erfahren, daß zur Gotteszuversicht auch die Wahrnehmung der uns aufgetragenen Verantwortung für alles Leben treten muß. Die heutige Welt, ebenso von tödlichen Gefahren umlauert wie von göttlichen Verheißungen umleuchtet, ist erfüllt von dem Feueratem des Ringens um den höchsten aller Siege – das Erstehen des großen Kunstwerks Menschheitsfrieden.

Wir brauchen auch alle Schönheit und Freude der Welt so dringend wie das Brot, um unsere höchsten Kräfte zu gewinnen für die gewaltige Geistes- und Seelenarbeit an der rechten Zusammenordnung der Gegensätze auf Erden – damit endlich die Zeiten kommen, da die Sterne wie über dem Paradiese stehen.

Die Waage des Gewissens

Der Mensch möchte doch auf allen Lebensgebieten aus einem einzelgängerischen Leben erlöst werden, um auf diese Weise auch erst recht zu sich selbst zu kommen.

Es wird sich mit jedem Jahr deutlicher herausstellen, daß die großen innen- und außenpolitischen, sozialen und wirtschaftlichen Probleme bis in ihre Kernbereiche auch ethisch-religiöse Probleme sind. Politische Weisheit ist natürlich nicht auf ethische Weisheit beschränkt, darf sich aber auch nie im Gegensatz zu ihr bewegen.

Ernste Gedanken über die bewußte politische Lüge im Frieden leisten Beiträge zur Verhütung von Kriegen, die ja ohne Feldzüge der Lüge nicht entstehen. Der Glaube an die etwaige Erlaubtheit, ja bedingte Gebotenheit bewußter politischer Lügen zu vermeintlichen Gunsten des Vaterlandes ist der gefährlichste Aberglaube von allen. Fragt man einen Anhänger dieses Aberglaubens nach der Grenze zwischen der privaten und der politischen Sphäre, so würde der Angeredete vielleicht eine Anwandlung von Ratlosigkeit hinter einer lässigen Raucherbewegung verbergen, ehe er zum Reden ansetzt. Man frage weiter, dem Rat eines Weisen folgend, wieviel Menschen denn zusammenkommen müssen, damit eine Lüge erlaubt sei. Kann es erstaunlicheren Leichtsinn geben als den Gedanken, daß die wachsam richtende Kraft des Gewissens, die all unser Tun und Lassen mit genauer Waage wägt, nun plötzlich gegenüber folgenschwersten Handlungen im großen Gemeinschaftsleben abdanken sollte?

Alles Ringen um den Weltfortschritt verdient das Urteil: »Pfennigklug und talerdumm«, wenn nicht eine ganz andere Rangordnung der Dringlichkeit maßgebend wird, welche an die Spitze alles Strebens die Überwindung untragbarer sozialwirtschaftlicher Gegensätze stellt, ohne hierbei die Gewinnung echter Harmonie zwischen Privatleben und Gemeinschaftsleben aus den Augen zu lassen.

Diese ungeheuren Aufgaben werden immer die Grenzen menschlicher Urteils- und Verstandeskraft übersteigen, wenn sich nicht Herz und Verstand auf ganz neue Weise zusammentun, geleitet von der realistischen Erkenntnis, daß die Weltachse, um die sich alles langsam dreht, die Polarität von Gut und Böse ist.

Es dürfen also die Grundbegriffe des Guten, nämlich Gerechtigkeit, Redlichkeit, Wahrhaftigkeit, Menschlichkeit, Treue und Zuverlässigkeit, die der gesunden Menschennatur eingeboren sind, keinen anderen Rücksichten untergeordnet werden, auch wenn diese Unterordnung noch so gut gemeint scheint und im Namen von etwas Gutem geschieht; und auch hierfür existiert keine Grenze zwischen Privatleben und Gemeinschaftsleben.

Also müssen in allen Lebenskämpfen fort und fort die Weisungen jenes Wesens verarbeitet werden, von dem die Zeitrechnung unserer Weltgeschichte ausgeht. Seine Worte dringen wie von den Sternen herab in unser Erdendasein und wissen doch auch um die irdische Schwere ihrer Verwirklichung.

Gewitter

Heute war's heißer als je – abends um sieben brennt die Sonne noch so stark, daß man kaum glauben kann, in zwei Stunden schon Sterne und Glühwürmchen über sich zu haben.

Jetzt ist Dämmerung, aber die Luft ist noch schwül wie Wüstenhauch; Glühwürmchen schweben am Gesträuch wie kleine Sternenfenster.

Ferne Donnerstimmen beginnen gegen die Hitze zu murren. Das weiße Wolkengebirge, das sich im Nachmittagsglanz stundenlang hinter dem blauen Hügelsattel auftürmte, war keine bloße Augenweide; es will noch mit uns reden. Hoch in den Dämmerhimmel ist es emporgewachsen und kämpft schon mit den Sternen des Zenit. In seinem Innern enthüllen fliegende Feuerscheine bald dunkle Umrisse vor hellen Gründen, bald helle Wolkengestalten vor brauendem Dunkel.

Drohender wird das dumpfe rollen des Donners und leiht dem nahen Baumrauschen erwartungsvollen Ausdruck; klein und zahm tönt das Brüllen eines Stiers von der Koppel.

Das Wetterleuchten hat sich weit am Horizont ausgebreitet. Überall werden jetzt die tragenden Vesten des Himmels in ungeheurer, fieberhafter Unruhe von zuckenden Scheinen abgeleuchtet. Dazwischen glüht Feuergeschmeide in Wolkenschründen auf, Schein einer Blendlaterne mit einem Sprung im Glase tastet Himmelswände ab, und am Saum der Ebene blühen schräge Lichterbäume auf. Siebenmal im gleichen Augenblick zuckt oft der Blitz durch die gleiche Feuerader.

Hoch oben von der Milchstraße kommt jetzt ein nie gehörter Vogelruf herab, doch man sieht nichts, obgleich es ein großer Vogel sein muß, der seine aufgeregt warnende Stimme an immer neuen Stellen ertönen läßt.

Ein blendender Schleier von rosa-violettgrüner Helle fliegt nun über das ganze Himmelsgewölbe und löscht alle Sterne – nur die Sterne des Großen Bären funkeln silbern weiter im Rosenlicht. Die Glühwürmchen werden einen Augenblick lang zu grauen Motten, und noch viele andere Nachtinsekten sind plötzlich in der blitzerhellten Luft.

Der erste große Donnerschlag tönt herab, Urstimme der Wolkenriesen, dröhnende Botschaft von der Erhabenheit der Räume, die uns zu Häupten aufsteigen. Langsam dringen dichte Wolkenballen gegen die Milchstraße vor.

Der Regen scheint auf das Stichwort des Donners zu hören. Große Tropfen blinken im Blitzlicht und fallen klatschend auf erzitternde Blätter. Das Regenprasseln kommt näher gezogen und übertönt das Rauschen der Bäume.

In den Wüstenhauch der Luft mischt sich schon Meeresfrische. Es blitzt fortwährend und donnert ohne Unterlaß – man weiß nicht mehr, welcher Blitz zu welchem Donner gehört. Das siedende Rauschen stürzt gleichmäßig aus den Höhen, in denen die Donnerorgel ihre Fugen abrollt, während Blitze allerorten blendende Goldscheine in düstere Räume werfen und zarte Blütenkelche donnerumhallt in zitternde Helle heben, aus der alle weißen Blumen mit zögerndem Nachgeleucht ins Dunkel sinken.

Ein Blitzschlag nach kurzer lautloser Dunkelheit scheint das Himmelszelt vom obersten Zeltknauf brennend und krachend niederzureißen, daß Auge und Ohr bis ins tiefste Mark erschrecken und der in der Brust nachdröhnt.

Was sehe ich in den blitzerhellten Augenblicken? Ferne Bergsäume stehen in ruhigem Blau vor noch ferneren wie am hellen Mittag. Um einen Waldberggipfel schwebt ein violetter Wolkenkranz, und ferne große Baumgestalten ragen tiefgrün vor goldenen Himmelsgründen, die wie beim Sonnenuntergange flammen. Im schilfgesäumten Teich zucken goldgeränderte Gewitterwolken; schaumgesäumte Wasserlachen spiegeln Kornfelder, Kiefern, grellgrünes Gras und rote Häuser.

Der pünktlich auftauchende Schnellzug unten im Tal, der aus dem Dunkel wie eine Lichtschlange herankommt, wird immer wieder überblendet und fährt dann wie am Tag mit naßgeregneten Dächern und weißer Rauchfahne; mitten in den brausenden, flammendurchzuckten Aufruhr baut sich des Menschenreiches Ordnung hinein.

Sturmgewiegte, regendurchschauerte Wipfel schwelgen donnerumbrandet in Gewitterfrische und blendenden Feuerscheinen. Gegen die aufsteigende himmlische Frische wehren sich noch letzte brandig-würzige Gerüche.

Die große Bewegung der Natur ist übergegangen in ein wildes Gleichmaß des Kraftlösens und Krafttrinkens.

Im Osten aber verharrt und wächst ein stiller Lichtschimmer. Der Mond steigt endlich daraus empor in feuchter Milde; es tropft noch leise von den Bäumen. Schon tun die Glühwürmchen wieder kleine glimmende Flüge. Blaue Mondnacht dringt durch Nebel und Wolkenschatten und blickt verwundert um sich: War denn die ungeheure Aufregung nötig?

Meeresbrief

Du bist der erste Mensch, an den wir schreiben. Wir sind so faul, daß wir uns nächstens noch den Atem holen lassen.

Hier ist es wunderbar: blaues Schweigen, Brandungsgetön, – wir haben das Meer für uns wie einen Gartenteich.

Man atmet den fauligen Urwelthauch der Meeresunendlichkeit gleich einem Heilstrank. Jeden Tag riecht der Strand anders und ist das Meer ein anderes. Je glatter die See, desto stürmischer wechseln die Farben, je stürmischer, desto eherner werden sie, wie auf nachgedunkelten alten Gemälden.

Kleine uralte Dörfer sind hier, schwedische Gründungen, aber mit Leuten, die heutiges Deutsch reden. Die Vorfahren der Evafrau liegen hier auf Friedhöfen alter kleiner Städte, Seeräubertypen wie auf Böcklins Bildern, waren aber Pfarrer und Rechtsgelehrte.

Der Tag scheint seiner runden Zeitbegrenzung entbunden durch den blauen Riesenerker ins Unendliche hinaus. In der Mittagsstunde ist das Meer auf der Sonnenseite Himmelsfortsetzung bis zu unseren Füßen; nur oben in Horizonthöhen schweben schmale, flüssige Silberstreifen.

Wir sind ganz Sand und Wasser und Himmel und Brandung und Sterne und Schiffe mit Lichtern. Abends sinken wir meeresmüde früh zur Ruhe, schlafen sagenhaft, bis die Sonne wieder blinzelt.

Jüngst stieg der Halbmond aus dem Meere auf, – er schob ein goldnes Horn aus dunkler Wasserwüste, – Schiffe mit Lichtern kamen zu Hilfe, – dann hob sich das Feuer langsam aus dem Wasser und strahlte sein feuchtes, erbarmendes Licht.

Gestern ruderten wir auf opalfarbener Flußmündung ins Meer von gleicher kostbarer Farbe hinaus. Die Küste schwang sich mit fremdartigem Tropengehügel zur untergehenden Sonne hin, – ein Boot mit stehenden Ruderern wie ein Kanu mit Südseeinsulanern im Gleichtakt weitausholender Bewegung kam in der Ferne vorüber. Wir blieben lange auf dem glatten Abendmeer, bis der Mond hinter Wolkenbänken stand, und blickten mit Seefahreraugen zu den Sternen hin, den »Hafenfeuern der Ewigkeit«.

Der Abendschein reichte noch lange zum Besuch des Fischerdorfs auf der anderen Flußseite, das die Maler so lieben. Die Augen tranken, was sie sahen, und in die Trunkenheit der Stunde strömten die nacheilenden Nachtdüfte der Blumen wie der Brodem der Schöpfung.

Im Alten Wirtshaus schwebte plötzlich im Radio von London die Eroica herüber, mit der herrlichen Melodie wie aus einer Vision: als ritten aus herbstrotem Bergwald zwei Herolde mit Posaunen einem Krönungszug voraus, die überm tiefen blauen Weltrund Halt machten, nach beiden Seiten ihr göttliches Festsignal blasend.

Wer wird so mit Zaubergaben überschüttet wie der Musik- und der Blumenanbeter? Es ist, als dränge mit Klängen, Farben, Düften, Blumen des Glücksmagma des Weltinnern wie spielend an die Oberfläche.

Heimwärts dann bei vollem Mondlicht mit der Fähre über den Fluß wie in Balladen, – und wieder nah am Meer durch hohen Küstenwald zurück. Das Rauschen drang vom Strand herauf, zuweilen klopften ein paar Wellen kräftiger und schliefen wieder ein. Die Nachtluft war voll Waldgewürz und Meeresfrische. Wie Orgelklang rollte alter Hochwald auf hügeligem Gelände dem Wanderer seine mächtigen Fugen hin. Der monderhellte Weg, von Schatten schwarz durchwirkt, lief heimwärts durch die blauen Hochwaldsäle, die uns am Tag zuvor noch Körbe mannigfacher Pilze schenkten, bunt wie Blumenkörbe, denn auch die violetten Töne fehlten nicht inmitten von orangeroten und zitronengelben Farben.

Wie leicht und paradiesisch gehen die Stunden solcher Ferientage hin mit Beerensammeln zwischen Orchideen und Waldgrasstauden, die immer an zuständigen Plätzen wachsen, – mit Bernsteinsuchen beim Gerufe seltener Wasservögel, – mit Badbekanntschaften, wortlosen und wortreichen – und anderen geschenkten Menschenwelten, nämlich leichten guten Büchern, – beide oft voll ähnlich großer Lebenskräfte wie die tieferen Menschen- und Buchbekanntschaften. Ach, Worte sind selten abenteuerlich genug, dem Abenteuer Leben zu geben, was ihm gebührt und frommt.

Wir waten aber hier nicht nur im Sommerglück; doch mag man nicht in Briefen klagen, wenn es so vieles zu bejubeln gibt, wovon nicht leichthin reden ist.

Das Glück birgt unergründliche und namenlose Kräfte, die auch in schweren Zeiten ihren Spielraum finden und erweitern.

Der Brief ist liegengeblieben!

Wir waren früh mit Nachbarkindern im Lenorenwald zur Beeren-Ernte, verirrten uns dabei in dem alten Märchenwald, der noch so unberührt liegt, wie es seinem Namen zukommt. Unerschöpflich dieses Wechselspiel von Wald- und Meererlebnissen am gleichen Tag.

Das Meer ist heute wieder tief verwandelt. Der blaue Weltenabgrund im Nachmittagslicht gewinnt Perlmutterfarben und reift zum Spätnachmittagsgold, auf dem sich fernher blasse grüne Streifen bedrohlich überlagern und alle Glätte mit Bändern aus Türkis zerklüften. Das Nordgewässer spielt in Farben tiefer Südseeträume. Dann führen leichte Brisen in weitem Bogen grüne Inseln wie Seegrasfelder her – Meerschlangen scheinen sich zu nähern.

Die Abendsonne tritt hinter Wolkenbänken vor; – dem die Kugel Sonne fliegt. Das rote Siegel im grünen Blau besiegelt das Ende dieser bunten Seifenblase Tag.

Dunkle, hauchzarte Punkte der Fischer und der Abendmeer-Bewunderer beleben fern die Dünenlandschaft; man weiß nie recht, ob's Mann ist oder

Weib und Kind. Immer formt es Gruppen, die bedeutsam sind, und ergeht sich wunderlich in der Bewegung. »Was weben die dort um den Rabenstein, – neigen sich, beugen sich.«

Um nasse Uferstreifen spielen Abendwasser, die weithin grünes oder goldenes Feuer spiegeln. Der Sand der hohen Dünen liegt in heiligem Licht; nah umher in allen Mulden und an allen Hängen mit der wunderlichen Riffelung ist er leis bewegt, ahmt überall im Kleinen seltsame Schönheit großer Bergwelt nach, Rätselformen des Gran Cañon oder auch der Felsenwelt Ägyptens; wie in einer Sanduhr rührt er sich unheimlich.

An jedem Tag ist dies kleine Nordmeer ein ganz andres Meer, – nimmt Gebärden ferner Ozeane an und weitet mit dem übermächtigen Schönheitswandel Tage uns zu Wochen.

Sommertage im Süden

»Was? Ihr wollt im August nach Korsika – in die Hitze hinein – das ist ja wie in einem rückwärts laufenden Film, wo die Leute in ein brennendes Haus hinaufklettern!«

Wir alle sind eben angefüllt mit falschen und wesenlosen Vorstellungen, sind voll lächerlicher Ablehnung eines Weltinhalts, den wir gar nicht kennen.

Die Uferstrecke von Genua über Santa Margherita nach Livorno, wo das Schiff nach Korsika abfährt, gehört zu den schönsten Italiens. Santa Margherita und Portofino übertreffen an intimer, großartiger Schönheit und an reiner Lieblichkeit die ganze Westriviera. Was hier an überraschenden Landzungen, Inseln und Gärten in kurzer Land- und Wasserfahrt auf uns eindringt, weckt den Wunsch, die Landschaft wochenlang zu durchstreifen. Homerische Felsenküsten steigen mit sammetgrünen, sturmverkämpften Pinienwäldern aus schaumgesäumten Türkiswassern, in denen Schwärme kleiner lapislazuliblauer Fische schwimmen. Alle Gärten bis in die Umgebungen kleiner Bahnhöfe hinein stecken voll reizender gärtnerischer Gedanken. Man könnte ein Bilderbuch machen unter dem Titel »Kleine Gartenanregungen des Südens für den Norden«. Es handelt sich dabei keineswegs um bloße nette Naivitäten, sondern auch um mannigfache, kühne künstlerische Ausmünzung unseres heutigen Zeitgefühls. Daneben werden uns auf Schritt und Tritt uralte Gartenahnungen erfüllt. Die Vegetation besorgt das schon auf eigene Hand.

Erst auf dem Dampfer in Livorno glaubten wir wirklich, daß wir den sagenhaften Inselboden betreten würden. Die Bergketten der italienischen Küste leuchteten dem Schiff noch lange Zeit nach, während schon bekannte und unbekannte Inseln wie Felsenträume aus dem Nachmittagsglanz des Himmels klar hervortraten – darunter auch Elba.

Das Meer auf den Schattenseiten des Schiffes lag in einer schaumgeschmückten Bläue, die dem Auge völlig neu war. Das mythische Spiel der Delphine, nie geglaubt, ehe unser Auge es selber erschaut, tauchte in der Ferne auf – fliegende Fische schnellten aus dem Meere, spannten gläserne Flügel, flogen in starrem, zauberischem Fluge über die Wasserfläche und tauchten wieder ein. Die Luft war von einer Sanftheit und von einem Meeresaroma bei wohltätigster Sonnenbestrahlung, daß wunderbare Körperfrische jedes Gefühl durchdrang.

Hoch am Westhorizont erschienen nach sechsstündiger Fahrt in blauweißem blendendem Himmelsglanz die hohen Umrisse der gewaltigen Berginsel Korsika. Der Glanz war so stark, daß beim Näherkommen die Hafengelände und Vegetationsformen nur zu erkennen waren, wenn man mit der einen Hand die Sonne und mit der anderen Hand ihren Widerschein auf dem Wasser abblendete, um zwischen beiden hindurchzusehen.

Am Morgen nach der abendlichen Ankunft in Bastia, im Nordosten der Insel, fuhr das Auto aus dem mit fremder Vegetation erfüllten Hotelgarten ab. Das Staunen über die Kraft und Seltsamkeit der korsischen Pflanzenwelt begann schon nach ein paar Minuten in den Berggärten der Stadtumgebung. Mächtige Pinienkronen wölbten ihre grünen Schirme über die Straße in den blendenden Himmel. An Feigengehölzen und Edelkastanien vorbei, an den agavenüberwucherten Mauern vorüber lief die Straße dann in die Wildnis hinauf.

Die imposante Bergwelt der ganzen nördlichen Hälfte der Insel ist von heroischer Kargheit. Monatelang fällt hier kein Regen. Dennoch sieht man all den Pflanzen, Büschen und Bäumen und immergrünen Teppichen nichts von Trockenheitsleiden an. Sechs Stunden lang im Auto, gespannt um uns blickend, fuhren wir durch solchen Wechsel der Vegetation und des nahen und fernen Landschaftsbildes, daß wir fast sprachlos saßen.

Hundertfältiges graues, frisches oder dunkles Grün von prachtvoll sonorem Gesamtklange erfüllte eine silbergraue Felsenwelt, die überall unerwartete Fernblicke auf blaue Meeresweiten öffnete – oder auf die gewaltigen Bergzüge des Insel-Innern, deren ansteigende Vorberge und Gipfelreihen, durch hundert Schattierungen des Fernblaus voneinander gesondert, unwahrscheinlich hoch in den heißen blauen Himmel aufstiegen.

Die Bergstraße senkte sich zum Meere. Plötzlich tat sich eine kleine türkisfarbene Bucht im Rahmen elfenbeinerner Sandküsten vor uns auf; es war uns nicht möglich, vorbeizufahren, ohne hier ein Bad zu nehmen. Das flüssige blaue Edelgestein trägt die Körper so leicht, daß man fast ohne Bewegung im Wasser wie über tiefen Ätherabgründen schwebt.

Durchbadet von milder Frische, ausgestrahlt von kerniger Sonne und von sammetweichen Düften umfächelt, fuhren wir im Rausche weiter, blickten noch lange in die Bucht von St. Florent zurück – verwundert, daß in fremdester Ferne Landschaften so nahe an unser Inneres herantreten und uralte Ahnungen und Vorgefühle wecken und erfüllen, welche die Heimat in uns schlummern ließ.

Die korsische Augustmittagshitze ward stärker und blieb doch ertragbar, die Luft nahm zu an mannigfaltigen Würzen; die Bäume wurden größer, manche Baumgruppen strömten Düfte aus wie ein Apothekerladen; immer stieg irgendwo Rauch eines Heidebrandes auf, von Mittagshitze entzündet – an fernen Höhen rauchte es wie Vulkane – nachts schwelte es wie glühende Lava. Die Korsen lassen es ruhig brennen, es wird doch nie ernstlich, und in der ungeheuren Einöde sind keine Hände zum Löschen. Vegetationen von mannshohen Heidekräutern, niedrigem Lorbeer, großen Feigenbäumen und hundert stachligen, stumpfgrünen oder tief dunkelgrünen Gesträuchen und Kräutern bekamen immer fermdartigere Züge, blühende und fruchtbringende Feigenkaktusdickichte grenzten alle Gehöfte ein, alles Grün schien stärker als Dürre und Sonne. Riesenhafte Ölbäume kletterten an steilen Berghängen empor und standen in tausendjähriger Größe. Mächtige Edelkastanienbäume stiegen in leuchtendem Grün mit jungen Stachelfrüchten aus der Dürre hoch empor und ließen durch Schattengeäste ferne Berge und Buchten blauen. Man glaubt hier alsbald, körperlich an einem himmlischen Segen teilzuhaben, der die Pflanzenwelt so frisch erhält; denn man fühlt sich von einer immerwährenden sanften Kraft erfüllt, die uns die Hitze spielend leicht ertragen läßt.

Auf wieviel schöne, helle, kultivierte Gesichter trifft man überall beim Vorbeifahren in den Dörfern und Städtchen dieser angeblich kulturfernen Welt. Unser Gruß aus dem Auto wurde überall von jung und alt durch winkende Hände und Aufleuchten der Gesichter mit solchem Temperament und solchem Reiz der Gebärden erwidert, wie wir es sonst kaum erlebten.

Auf Felsen gebaute Städtchen nah am Meere sind mit riesigen Festungswällen umgeben, denen Felseninseln mit Türmen vorgelagert sind. Die Stadt Calvi ist ein so toller Traum, daß man sich anstrengen muß, Menschen und Tiere darin als volle Wirklichkeit anzunehmen. Das überweite Landschaftsrund um dieses Städtchen mit seinem unentwirrbaren Reichtum von Vorbergen, Tälern und seltsam gelagerten Terrassen voller Ölbäume, Steineichen und Eukalyptus, umrahmt von zwei- und dreitausend Meter hohen Bergzügen, ist in seinem Adel und seiner Klassizität mit Worten nicht nachzubauen. Und jeden Landschaftseindruck begleitet die Freude an der Sonnenkraft und der balsamischen Schönheit der Luft. Würze und Strahlung erfüllen uns mit beständigem geistig-körperlichem Kraft- und Glücksgefühl.

Unter Staub hatten wir wenig zu leiden. Sehr gut ist überall Unterkommen und Verpflegung, Sauberkeit und Ordnung; keine Rede von Ungeziefer, kaum je von Mücken oder Fliegen; und wie waren wir doch vor all diesen Unbequemlichkeiten gewarnt worden. Man kann eigentlich überhaupt nichts tun, wovon uns nicht von irgend jemand dringend abgeraten wird.

Die Hotels und Pensionen haben wie in Italien die wohltätige Heiterkeit und Stimmung der leichten Oper; auch alle Gäste scheinen lächelnd darin eingesponnen. Zu essen gab es französische Küche mit leichten südlichen Weinen, Melonen und Tomaten, grobem Weißbrot und vielen Fischen und Krebsen.

Von dem Orte Île Rousse, tief in der Westküste der Insel, fuhren wir dann in achtstündiger Autofahrt, die Insel in der Mitte durchquerend, südwärts nach Ajaccio. Solch rasenden Wechsel von Vegetationsbildern, Süd und Nord umfassend wie diese kurze Tagesreise, kann man schwerlich an anderer Stelle Europas erleben.

Berge reckten sich scheinbar zu Dolomitenhöhen; der gleiche Blick umfaßte Nordgebirge unter schleppenden Wolken und vor ihnen steil aufsteigende Hänge mit Hainen uralter Ölbaumriesen. die Bergstraße kletterte Meter hoch; die Luft war ein wenig kühler und wieder weithin mit kraftvollen herben Heidegerüchen erfüllt. Stundenlang führte der Weg durch düstere Gefilde aus der Unterwelt, über denen ein besonderer Fluch zu liegen schien. Wilde Spitzpappeln und wilde Nußbäume säumten vertrocknete Bäche; Adlerfarne und Pfefferminz, wilde Clematis und Weißdorn mischten sich überall in diese fremde Gesellschaft.

Unvermittelt fand man sich aus diesen Berghöllen und brandigen Einöden in eine Großstadtstraße mit hohen Mietskasernen und elegant flanierendem Südpublikum versetzt und fuhr nach ein paar Minuten auf der anderen Seite dieser Stadt Corte wieder hinaus in die Wildnis, etwas sprachlos über das Geschehene, aber mit herrlich fremdartigen Südfrüchten aus den Läden beladen. Die Bergstraße stieg nun in feuchte grüne Welt empor; es fing an zu regnen, und alles wurde nordisch. Plötzlich saßen wir in einem Berghotel zwischen Nadelholz- und Buchenwäldern und fanden die eingeborenen Südländer zwischen Buchen und Tannen so seltsam wie Eskimos unter Palmen. Dann begann die Fahrt aus der Nordbergwelt in den üppigen Süden von Ajaccio. Es war, als käme man zum erstenmal nach dem Süden. Die himmelhohen Schründe der zackigen Bergfelsen stiegen jetzt über Wäldern aus Edelkastanien auf. Der graugrüne Gesamtton der nördlichen Inselhälfte wich einem üppig dunkelgrünen Teppich, der über alle Täler und Berge ging und nur die obersten Felsengegenden frei ließ. Hohe Eukalyptusbäume flogen erst einzeln vorüber, von einer Wolke streng medizinischer Gerüche umgeben, und wurden dann zu imponierenden Alleen.

Immer mehr Südgewächse tauchten in üppigster Entfaltung auf, und es begann nun ein herrliches Spiel der edlen Pflanzengestalten mit den Zufällen der Landschaftshintergründe, goldroten Abendgewölken und tiefblauen Bergen.

Plötzlich sahen wir in unermesener Ferne und Tiefe die herrliche Bucht von Ajaccio in heiterem Abendlicht liegen. Bei der nächsten Wegbiegung ragte ein Horst fünf Meter hohen Riesenschilfes in diesen Fernblick, und hinter mächtigen Pinienschirmen baute sich einer der stolzesten Eckpfeiler empor, mit denen die Berge vom Inselinnern hinübergeleiten zu dem majestätischen Bergrund um den Hafen und dem prachtvollen Meeresblick zwischen Felseninseln und Leuchtturmbergen.

Dann standen wir vor dem palmenflankierten Denkmal Napoleons. Er reitet, von den vier Gestalten seiner Brüder geleitet, der palmengerahmten Meeresweite entgegen, – der offenen Weite, welche die Felsenarme der Riesenbucht freilassen. Das Denkmal ist kühn hingestellt, steht nicht etwa in der Mitte eines Platzes. Es muß von der Rückseite aus mit dem Meeresblick gesehen werden.

Den ersten Tag beherrschte der Schatten Napoleons, alle Straßen schienen von ihm zu reden; alsbald aber brach sich seine Bannkraft an Blumen und Blütenbüschen, an tiefroten und schneeweißen Oleanderdickichten, zwischen denen die Zypressen dunkelten und die glühend blauen Farben der Meeresbucht leuchteten. Viele Gärten strömten über von Blumen, Rank- und Blütengesträuchern, die Napoleon noch nicht ahnte, von erschreckend blauen Windengehängen neben Bäumen mit großen knallroten Trichterblüten.

Wir fürchteten uns schon vor dem Stadthotel in dem engen Ajaccio, fanden aber draußen auf einer felsigen Landzunge zwischen alten Kaktusfeigengebüschen eine kleine in Oleander vergrabene Pension, gingen ungläubig hinein, wurden freundlich dabehalten und genossen unser Dasein und unsere Mahlzeiten unter einem alten Olivenbaum im bunten Blumengarten dicht über der Meeresbrandung, auf die eine eingelassene Gittertür der Gartenbrüstungsmauer hinabging. Dieser blumenerfüllte Strandgarten schloß uns wunderbar die fremde Welt auf. Das Auge wanderte über flammende Canna und heimatliche Sommerblumenbeete, über duftende Datura- und Oleanderbüsche hinweg in die gewaltigen Weiten der Ufergebirge und ließ bald ab davon, alles in einigen Tagen sehen zu wollen, was hier von einem Punkt aus sichtbar ist.

Diese reichgegliederten Felsengebirge, auf die seit April kein Regen fiel, sind bis zu den Gipfeln alle begrünt; ich habe nie in meinem Leben unabsehbar reichgestaltete, bewaldete und begrünte Felsterrassen und Gebirgshänge so wunderbar in stillem Nachmittagslichte schwelgen sehen. Die Landschaft war sich selbst genug – der Mensch durfte an ihrer Schönheit nippen, und diese Schönheit schien keinen Augenblick zu ruhen, sondern wanderte in ständigem Wechsel der Atmosphäre und der Wolkenbilder durch Verwandlungen hindurch, denen die Seele nie ganz folgen konnte, obgleich ein heiterer Tag den andern ablöste.

Nachts hing der Himmel über und über voller Sterne; der Silberflor der Milchstraße zipfelte bis zum Südhorizont herab, an dem schon ungewohnte Sternbilder ihr Wesen trieben. Große aromatische

Kräuter dufteten zwischen den noch sonnenwarmen Strandsteinen, und man sah ihre Umrisse sich deutlich gegen die milde Sternhelle des Himmels und des Meeres abzeichnen.

Zu den besonderen Reizen des Südens gehören immer wieder unerwartete Entdeckungen wundervoller Gärten oder Landschaftswinkel. Hinter unserem Hause fanden wir plötzlich einen aufsteigenden Terrassengarten mit Wasserbassins und riesigen Palmen und Zedern.

Die Schönheit der Palmen geht in Korsika schon über alle Begriffe; man sieht hier bereits, daß es der fürstlichste Baum der Erde ist. Am schönsten wirkt er in architektonischer, regelmäßiger Pflanzung. Der Adel der Linien und Verhältnisse, der Verjüngungen und Verstärkungen des Palmenstammes vom Erdboden bis zur Krone ist ein Baumerlebnis ohnegleichen. Die Schnelligkeit des Wachstums der Bäume im Süden ist uns zuwenig bekannt. Fünfzehnjährige Bäume scheinen fünfzigjährig; ich fragte einen Apotheker nach der schönen Palme in seinem Garten. »Die habe ich erst vor zwölf Jahren gepflanzt!«

Unter dem Olivenbaum im Garten der Pension gab's noch ein anderes Pflanzenerlebnis. Die Zauberer unter den leichten Südweinen verschonen uns mit allen Benebelungen und vermitteln uns ganz neue Formen geistig-körperlichen Behagens. Der Korser Wein, der nicht auf der Karte stand und nur auf besonderes Verlangen herausgerückt wurde, ist eine Krone aller Südweine und versetzte uns ohne die leiseste Belastung in einen goldenen Traumzustand.

Man erlebt auch als älterer Mensch auf dieser Insel bei täglich mehrmaligem Baden Dauerzustände körperlichen Wohlseins, die man im Norden selbst als junger Mensch nicht für möglich gehalten hätte. Nach dem Baden saßen wir im Olivenschatten über der Brandung in lauter Wohlsein und Neugeborenheit, woran auch das paradiesische Luftfächeln beständig teilhatte.

Eine Tagesautofahrt führte weiter zum südlichsten Punkt der Insel, St. Bonifacio. Von morgens bis abends wieder kein Ende der Pflanzenüberraschungen bis in alle Wegränder und Bachufer hinein. An Plätzen von vollkommener Dürre fanden sich plötzlich Friedhöfe mit einer Üppigkeit der Zypressenhaine, die man nie vergessen kann. Abends auf der Rückfahrt staunten wir halb träumend in die im Autolicht aufleuchtenden Silberdächer der Oliven, die endlos unterm Silberdach der Milchstraße auftauchten.

In Ajaccio kam dann der Abend, an dem uns das Schiff von der geliebten Insel nahm und über spiegelglatte, im nächtlich grünen Feuer des Meeresleuchtens leise schäumende Wasser nach Marseille hinüberführte.

Froh und staunend begrüßt der Heimkehrende die hohen, dichten nördlichen Wälder und den wundervollen Wechsel der Wetterstimmungen nach all der erhabenen Einförmigkeit südlicher Himmel. Das stärkste Gefühl aber, das der um die Zukunft unserer Gärten und Wälder Wissende von solcher Reise mitbringt, ist das Erstaunen, warum wir unserer nördlichen Welt nicht schon längst den ihr gebührenden

Naturreichtum einpflanzten, der uns bei der Rückkehr aus südlichen Ländern einen so völlig anderen Empfang bereiten würde.

Wenn dereinst die unserem Land und Klima zugedachte naturmögliche Fülle von Gehölzen und Blütengewächsen Besitz von Gärten, Alleen und Parks ergreifen und dort ihre Schönheit entfalten wird – wenn auch deutsche Wälder wieder ihren Namen verdienen und in Gestalt von Dauermischwäldern an die Stelle der Nutzholzwüsten getreten sein werden – dann erst wird die Musik des nordischen Wetter- und Jahreszeitenwechsels mit dem vollen Widerspiel einer reicheren Erde zusammenklingen.

Dann erst wird auch das Erlebnis des Südens und des Nordens zur vollen Herrlichkeit seiner Wechselwirkungen emporwachsen.

Nocturno

Sterne über Bäumen, Meeren, Alpen

Auf dem Meer und an der Küste begegnet die Sternenunendlichkeit der Meeresunendlichkeit. Beide wiegen einander in himmlischer Ruhe aus. Der Zauber des lächelnden Friedens milder Meeresnächte wechselt in allen Monaten und Erdenbreiten seine Gestalt und mit ihr auch seine Düfte – vom Urwelthauch der Nordmeerstrande bis zum ambrosischen Luftgebräu an manchen Tropenküsten, das auf ein Götterfest zu warten scheint.

Wenn das Meer glatt ist oder seine Dünnung nicht vom Winde aufgerauht, hilft der wogende Spiegel dem Auge die Lichterschätze doppelt einbringen. Wie geheimnisvoll und erregend ist es, das große spiegelnde Fluidum schrankenlos von Strömungen aus sagenhaften Wasserfernen durchflutet zu wissen, die nie gesehene Sternbilder spiegeln, diese fremden Pfadfinder der Südmeerfahrer, denen die Nordsterne versanken. Und in den Nächten des Meeresleuchtens scheinen sich rings dunkelflutende Weltmassen goldschäumend in Licht und Leben aufzulösen.

Meeresnachterlebnisse phosphoreszierten jahrelang in unseren Sterngefühlen auf dem Festland. In winterlichen Gärten, Wäldern und Alleen sind alte laubenthüllte Bäume wundersame Träger der Sternfreude.

In ihrem gewaltigen Mastwerk geistern die himmlischen Lichter wie Sankt-Elms-Feuer vor einem Taifun. Beim Wandern durch abenddunkle entlaubte Wälder scheinen die Wipfel mit Stromnetzen elektrische Himmelsluft zu durchkämmen, bis die Lichter knistern und flammen.

Und im Sommer schließen sich die sternumglänzten Laubgerüste und ihre tiefen Dämmerräume mit mannigfaltigen feuchten Abendwürzen zu Kraft- und Glücksgeweben zusammen.

Große Sommersterne glänzen ohne Flimmern mit zauberischem Strahl. Ein Weltenfest scheint dort gefeiert, mit Lichtern weithin ausgestellt; ruhevoll schweben die Feuer im Blau über dem Erdendunkel, Blüten eines Baumes, der im Unsichtbaren wurzelt.

Am gewaltigsten funkelt der Nachthimmel unseres Erdteils in Nordlichtnächten, in Winternächten des Mittelmeersüdens und in mancher Sommernacht der Alpen. Im Nordlicht scheint der Weltgeist nachts die großen Lichterklaviaturen des tausendfarbenen Erdentages zu prüfen, dabei wie spielend mit Meisterhänden Akkorde auf dieser Glanz- und Farbenorgel greifend, zuweilen das Weiterspiel Dämonen überlassend, bis dann die Meisterhände wieder eingreifen. Die Lautlosigkeit der aufregend schnellen Vorgänge verleiht dem Schauspiel eine wunderbare Sanftheit.

Wie nie im Norden herrscht in südlichen Ländern die Milchstraße über den ganzen Wintersternhimmel und schwingt ihren breiten Silberbogen über schwarze Pinienkronen und Zypressenwipfel hin. Schnell vertraut wird uns der Nachtumriß der vielen fremden Baumgestalten unter diesen Silberschauern. Man atmet tief an sonnenwarmen Mauern die laue Würzluft, die durch feuchte Kühle streift, und starrt empor ins Sternendickicht über Ölbaum, Palme und Eukalyptus.

Und nachts sind Höhen und Tiefen der Alpentäler, von schwarzen Türmen alter Fichten ausgelotet, der Raumgewalt und Majestät des Sternenhimmels ebenbürtig. Hier blicken wir nicht zu den Sternen auf, sondern hinüber. Der höchste Gipfel, halb verschneit und leise vom Licht des Viertelmondes angeleuchtet, trägt das Glanzgehänge eines Sternbildes wie einen Schmuck.

Die sommerliche Abendwelt schwelgt nun im Heugeruch der Alpenwiesen, – das ganze Sternall liegt in Heuduft. Jede Nacht ist anders. Diese hängt voller Sterne, nah zum Greifen. Der Himmel glänzt so still und reich, als stiege die Erde im Reigen weißer Lichtbälle steil und lautlos mit zur Höhe wie in erstarrtem Feuerwerk.

Und der große Feuerwerker zaubert sich auch sein staunendes Publikum herbei.

Wege und Ziele

Immer wundersamer scheinen uns, je tiefer wir ins Leben dringen, Heimat und Fremde, Geistiges und Körperliches, Wesen und Form, Diesseits und Jenseits miteinander verflochten.

Zur tiefsten Freude an dem, was ist, gehört die Freude an dem, was wird.

Im innersten Herzgetriebe der Freude pulst das Bedürfnis nach Mitfreude anderer und nach wachsender Zugänglichkeit der Freude.

Fehler des Tuns sind meist heilbringender als die des Lassens.

Wir alle eilen hinter Zielen her und wissen nicht, wie sehr auch der Weg zum Ziel gehört.

Es gibt fast überall überraschende Auswege in der Welt, wenn man von irgendwie feindlichen Lösungen ganz absieht.

Am Wiesenfluß

Auf kleinen Wiesenflüssen und Kanalgewirren nahe an einem großen Fluß, auf dem die Dampfer vorüberfahren, segeln wir über seidigen Wassern, vom Eisvogelflug begleitet, an Schilfwänden entlang und an gewaltigen Schwertlilienschöpfen, die mannshoch über den Bootsrand in den Sommerwetterhimmel ragen.

Ein fremdartiger, tropischer Unterton umklingt leise jedes Bild der heimatlichen Flußlandschaft. Reich blühen die Seerosen, säumen die Ufer mit indischer Pracht. Der Wind kippt ihre großen Blätter aus der Fläche empor, daß sie wie Tiere auf den Wassern stehen. Wie schnell blitzen die Schwalben über die Wasserfläche hin! Jeden Tag kommen wir ein- oder zweimal an einer hohen, rotblühenden Weiderichstaude vorbei, die von weißen Winden umrankt ist. Die Pflanze mit ihren roten Kerzen ist fast erdrosselt von den Winden; beide blühen fröhlich weiter – lachende Kinder, die sich balgen. Und immer ist die rote Kerzenstaude besetzt und umflattert von weißen Faltern. Sie ragt bald in düster aufziehende Gewitter, bald in gewaltige Sommerwolken.

Kleine Wasserflächen im Abendlicht sind Unendlichkeiten von geriffelter Wellenbewegung und farbigen Spiegelscheinen. Immerfort kräuselt sich, rippt sich und wellt sich die Haut des Wassers. Um ganz in der Natur gelöst zu sein, braucht's die entbindende Kraft des Wassers.

Die gläserne Scheibe des Mondes wird schräg und silbergrün emporgehoben über mächtigem Huflattich und aufstürmenden Schwertlilienblättern. Kühler wilder Abendhauch wechselt mit herrlich warmem. Riesige Wolkenkulissen des Westens, die am Flammenrahmen des Sonnenunterganges mitwirkten, zerfallen dunkel zerstreut und stehen noch regungslos an gleichen Plätzen. Gestirne glimmen bei Grillenzirpen zwischen den oberen Wolkenschründen auf; die Wolken bekommen Licht vom Mond, werden grausig weiß und hoch. Welche Wasserstürze mögen nötig sein, solch dämmerndes weißes Traumsegel einer Wolke zu bilden!

Hellerleuchtete Dampfer fahren auf dem großen Fluß und werden zwischen buschigen Weidenstämmen sichtbar – dichter Reigen sich drehender Karussellichter.

Wie haben wir den Tag ausgeschöpft!

> »Einen langen Tag über lebte ich schön,
> Eine kurze Nacht, –
> *die Sonne war eben im Aufgehn,*
> *Da bin ich zu neuem Tag erwacht.«*

(Goethe)

Wir segeln mit einem alten Fischerkahn – es wird zur Leidenschaft – man kann es in der Frühe kaum erwarten, wieder durch die Morgen-Uferwelt zu schweben.

Immerfort kommen wir an Orte, an denen uns Natur wie von neuer Seite her ans Innere herantritt. Tief geheim lächelt's in uns, wenn wir einen Apfel vom schaukelnden Zweig pflücken und der Zweig erleichtert ein wenig emporschnellt – wenn der Wind das Wasser wie Elefantenhaut kräuselt – der Mond wie ein großes Feuerauge zwischen Wolkenlidern langsam den Blick öffnet – die Schmetterlinge lautlos unermüdlich zwölf Stunden lang ihre Gefilde überschweben – und wenn nachts die Obstbäume vom Licht der Blitze in farbigste Mittagshelle gehoben werden.

Solcher immerwährenden Erneuerung und rätselhaften Verwandlung ist fort und fort unser Verhältnis nicht nur zur Natur, sondern auch zu geliebten Menschen fähig; beides ist in seinem Kern nicht mitteilbar.

Wir sitzen an stillem Wegrand nahe unserm Haus, hören Grillen zirpen und blättern im Kursbuch der Schnellzüge, – denn abends sollen oder wollen wir schon ganz woanders sein. Der leise Sommerwind blättert manchmal mit im Kursbuch, rauscht in den Baumkronen eigentlich noch frühlingshaft und rauscht doch schon in vollbehangenen Fruchtbäumen.

Die vertraute Landschaft mit klirrendem Korn und Zirrusfloren an blauer Sommerhimmelwölbung schmollt mit den Kursbuchlesern; eindringlich flüstert die Welt ihr altes: Reise doch – bleibe doch! Haubenlerchen singen, Früchte glühen rings im Laub der Bäume und Gesträuche miteinander, deren Reife wir durch lange Wochen getrennt glaubten. Die Windrunen im grauen Feldsee zittern rechts herüber, links herüber: Bleibe doch – reise doch!

Man trinkt den Odem der Sommerlüfte, die mit paradiesischen Ahnungen höherer Welt erfüllt sind, und saugt Sommergeist und ewige Bläue in sich hinein, als tränke man vom Becher der Zeitlosigkeit – und wenn man jetzt singende oder rufende Stimmen geliebter Menschen von Waldrändern über duftende Heuwiesen hallen hört, dann scheint uns das Sommerreich von Wald und Feld und Garten von einer so himmlischen Wohnlichkeit und Beseeltheit, daß wir uns mit all der Vergänglichkeit unseres Lebens wie geborgen fühlen im Gedanken an das Weiterweben dieses holden Weltensommers über unser kurzes Erdendasein hinaus.

Zweite Jugend des Jahres

Septembergedanken

Mögen wir noch so nah mit Wald und Feld und Tier leben und arbeiten, so wird uns die feinste Sommerreife nicht zuteil ohne Reise und Rose, ohne Wander- und Wasserleben, ohne eine Unzahl schwitzender oder taufrischer Stunden in Garten und Landschaft, ohne Mühen um die edlen Früchte, Gemüse und abenteuerlichen Blumen unserer Tage – also lauter Dinge, an denen sich die Jahreszeiten vollsaugen und ausweiten, wie etwa unser Lebensgefühl an neuen Büchern, ohne die wir keinen Monat verbringen sollten.

In der Mittagsglut liegen die Gärten nun in leiser Dämpfung und Wildnisverzauberung: Der große Pan der Landschaft rückt durch Breschen der Gartenmauern mit seinen Mittagsschlafgeistern bis in die Gärten vor. Auch noch eine andere Schranke wird überblitzt: Um die Wende der ersten Septembertage dringt zuweilen das fremde satte Licht des Südens zur deutschen Nordwelt vor, verzaubert jeden Binsenteich und Blumenstreif, am meisten alte Bäume, Türme und Gemäuer.

In warmen Waldlüften stehen Pilzgerüche, in Dorfgeländen Düfte gekochten Obstes, von den Wiesen wehen kühle und warme Heugerüche, und in manchen Gärten hat der Duft auferstandener Rosen noch einmal die Herrschaft an sich gerissen.

Auch Stunden von paradiesischer Sanftheit der Luft schenkt der luftfeuchteste der wärmeren Monate bei Tag und bei Nacht. Wir trinken mit Atem und Auge das regungslose Luftgebräu im Dunkel der Gärten und Wälder und die machtvoll düsteren Gezweige und Dämmerweiten.

Stimmen wie nie erheben sich nachts in den Wäldern. Jetzt schreit der Hirsch – drohender, klagender Aufruhr bricht aus dunkelgrünem Schweigen, ehe es in Farben aufbrennt.

Andere Herbstnächte rühren mit geisterhaftem Mondschein an Auge und Herz. Es ist, als kämen wir nach Jahren scheu an alten Wald- und Gartenplätzen vorüber, wo wir einst glücklich lebten und liebten und alles verloren. Die alten Bäume und Büsche stehen noch und rühren sich gespenstisch im leisen Winde wie Kulissen eines verfallenen Theaters.

Der Herbstmond und seine Schatten versenken die großen weißen und farbigen Asternbüsche in Totengartenschein; alles glitzert von schwerem Nachttau und scheint im vollen Mondlicht wie aus blaugläsernem Kristall gebaut.

In der Mittagshitze schwelgen die Blumen wieder in voller irdischer Glorie und in summenden Insektenorgien.

Der blaue Rittersporn steht noch einmal in Blüte, Auferstehungen rufen Versunkenes rings aus dem

Schlummer. Viele Blumen begegnen einander im Septembergarten mit verwunderter Frage; Auferweckte Veilchen blicken zu herbstlichen Silberkerzen und Chrysanthemen auf, die wiederum duftenden Nachflor des Phloxes bestaunen; Bergastern und Staudenflieder verwirren ihre Nachbarn mit Frühlingsdüften.

Nicht nur Blumen, sondern auch Früchte öffnen verborgene Kammern des Jahreszeitenglücks. Jede der vielen Sorten von Birnen und Äpfeln und Pflaumen schenkt auf ihre Weise herbstlichen Frohsinn.

Mittags pflücken wir sonnenheiße Pflaumen von einem Baum, der uns nachts unter Sternen in seinen Fruchtduftmantel hüllt. Nächtliche Geißblattdüfte hauchen hinein, unbekannte Gerüche und Würzen strömen durch den dunklen Garten. Im Dunkel, das auch flammende Farben in silbergraue Schlafgewänder hüllt, rascheln seidig die großen Blumengesichter der Dahlien – diese riesigen, leuchtenden Feuerquallen und Seesterne in der dunklen Herbstflut. Abendgäste, die Dahlien zu später Stunde pflückten, brachten sie staunend ans helle Lampenlicht wie Meerwunder.

Wir stehen im glauesten Landschaftsmonat, im buntesten Gartenmonat.

Aber der Gartenvogelgesang ist verstummt, die große Hitze aus den Gärten verschwunden wie ein Sturm; die Stille im Steingarten ist nun wie ein Ausläufer des Schweigens hoher Wildeinsamkeit der Berge. Viel zu früh kommt das Abenddunkel, doch früh genug das Morgenlicht.

Im ersten rötlichen Dämmerschein umfliegen noch Fledermäuse den Giebel, bis Schwalbenflug die eben Verschwundenen ablöst. Auch dieser Doppelreigen ist bald vorüber. Ende September wird unter das himmelhoch schwingende Wiegen der Schwalben ein breiter Strich gezogen; in langen Reihen auf Telegraphendrähten zwitschern sie leise und friedlich vom Aufbruch zur ungeheuren Reise, während oben in Wipfeln Scharen von Staren lärmend die kleinen Reisen beraten.

Die Nächte werden kühler , und mittags liegt noch aller Tau im Schatten. Doch hohe Sonne glüht noch sommerlich. Das Festgericht des Tages ist noch heiß.

Der blaue, selten lange getrübte Glanzmonat ist noch schönster wohnlicher Ruhe- und Wandermonat in den Hoch- und Waldgebirgen oder am Meeresstrand.

Deutsche Küstenfernen liegen stundenweise in violettblauen Farben südlicher Gestade, und orangerote Fruchtzweige des Stranddorns leuchten vor fremdartigen Meeresfarben.

Im Hochgebirge taucht schon Neuschnee auf und verschwindet wieder; denn Sonne und Sommerglut sind auf den hohen Bergmatten noch feurig, während drunten in den Tiefebenen alles schläfrig zu werden beginnt. Dort verblühten auch schon viele sommerliche Gartenfarben, die in Berggärten noch weiterglühen.

Der Herbstföhn färbt die Berge heidelbeerblau, bis stundenlanges nächtliches Wetterleuchten seine Gewalt bricht und krokusüberwimmelte Wiesen in seltsame Helle hebt: der große Monat der Herbstzeitlosen ruft diese nur scheinbar gebrechlichen Krokuswesen auf alle Hänge und Wiesen durch die weiten Bergparadiese hin.

Aber von fern her, aus den Südländern, kommt noch andere Reiselockung; denke der heißen Septembergärten dort drunten, in denen kristallklare Vogelstimmen aus Steineiche und Lorbeer vorbrechen wie kühle Quellen; denke der warmen Nächte voller Leuchtkäfer und pfeifend schwirrender Grillen. Ein Reisetag führt dich dorthin in feurigsten Sommer, der auch noch den halben Oktober durchglüht und die Ufer mit Badenden füllt. Von dorther trug uns einst der Fernsprecher südsommerberauschte Jugendstimmen ins nordherbstvergrabene Landhaus.

Getier im Garten

Man sieht oder hört immer wieder neue Tiere und Tierchen in seinem Garten. Gar zuwenig wissen wir von diesen kleinen und ganz kleinen Geschöpfen in Wasser, Boden und Luft, die Tag und Nacht unser Gartenleben umweben, umkriechen, umschwirren und umschwimmen oder in seltsamen Verwandlungszuständen schlafen. Unser Leben reicht nicht, ihres auszukennen.

Goldene Libellen mit schwarzen Flügeln oder Heuhupfer in silbergrauem Gewande sitzen irgendwo still und halb verborgen. Man starrt sie an – sah sie noch nie; sieht sie vielleicht nur einmal, ruft sich jemanden als Zeugen der kleinen Märchenanblicke heran – wird durch einen tiefen Trillerpfeifenton wieder abgelenkt, der aus dem kleinen Wasserrosenbecken zwischen Gesteinen ertönt, als wolle ein Laubfrosch einen Kanarienvogel nachahmen. Vergebliches Suchen nach dem Trillerkünstler.

Kaum haben wir ein Wassergärtchen angelegt, so ist auch schnell das ganze Theaterpersonal, alles wilde Wasser- und Ufergetier, bei der Hand. Es hat sich herumgequakt, und schon sind die Frösche am Werk; weiß der Himmel, wo sie hergekommen sind. »Sie schwimmen mit den Händen in den Hosentaschen«, sagte ein Kind. Die Moorfrösche in stahlblauem Gewand sahen wir jüngst an einem Herbstmorgen im flachen Wasser, das über Nacht ein wenig überfroren war, wie in einem gläsernen Juwelenkasten.

Auch nach Jahrzehnten der Wassergartenbeobachtung reißt der Faden der Überraschung nicht ab. Libellen in noblen und seltsamen Farben tauchen auf. Der Schatten eines hellumrandeten Kleeblatts kriecht über den Wassergrund, ohne daß man den Urheber erkennt.

Kaulquappen, die neulich erst als Schleimsäule aus dem Boden stiegen, fahren mit großen Propellern umher. Goldfische und Goldorfen geben immer neue Rätsel durch ihr Gebaren auf, das mit Wetter, Licht und Monat zusammenhängt.

Je mehr interessante Ufer- und Wassergewächse, desto reicheres Tierleben erscheint. Die Wirkungen der Pflanze reichen auch in die unermeßliche mikroskopische Tierwelt hinab, von der Francé sagt, daß der Betrachter und Durchforscher eines Gartentümpels am Mikroskop auf Wochen in eine ganz neue Weltsphäre entrückt sei.

Es gibt noch mehr Tierarten als Pflanzenarten. Insekten sind es hauptsächlich, die diese Artenzahl so emporschnellen lassen. Sie umgeben unser Leben mit dem Eindruck einer unergründlichen Lebensfülle.

Wir ergreifen erst vollen geistigen Besitz von einem Tier- oder Pflanzenwesen, wenn wir wissen, wo seine Wildheimat liegt, welches Lebensalter es erreicht, welche anderen Pflanzen und Tiere seine Lebensgefährten und Nachbarn sind.

Wie alt ist der Zitronenfalter schon im März? Und warum hat er Anfang März sein Stichwort? Wo auf Erden blüht das duftende Veilchen wild? Und wo in der Welt wachsen all die blühenden Blumen, denen der Zitronenfalter nachgeht? Denn die Verbreitungsgebiete der Schmetterlinge sind an die der Pflanzen gebunden. Was wissen wir denn von den Schmetterlingen und Raupen unserer Gärten? Nicht viel mehr als sie von uns! Und doch könnte man von jeder Schmetterlingsart, ihrer Dauer und Vergänglichkeit, ihrem Durchwintern und ihren Verwandlungen einen romanhaften Steckbrief schreiben – könnte die Hintergründe ihres Lebens und ihrer Verbundenheit mit kleinen und großen Verwandten und den Pflanzen, mit denen sie verheiratet sind, so schildern, daß der Leser es ihnen nie vergäße.

Unbegreiflich sind die Widerstandskräfte, mit denen dieses zarten Leben Hemmungen überwindet und sich in die Zukunft rettet. Manche Schmetterlingspuppen können im Winter gefroren sein, daß man sie zerbrechen kann – und doch schlummert darin das bunte Sommerwesen. Der Zitronenfalter dagegen durchwintert fertig und gerüstet im Schutz von Borke, Moos und Gräsern.

In jedem Monat des Gartenjahres erblühen neue Schmetterlingsmagneten, – von März bis Ende Oktober. Pflanzen wie die blaue Waldsalbei, Lavendel, Wetterdisteln und Buddleiasträucher sind Anziehungspunkte für den Schmetterlingskorso. Auf einer alten Wetterdistel sahen wir vierzig Pfauenaugen beschäftigt; sie »schubsten« immer die Bienen beiseite. Die kleinen Bläulinge sind Freunde des Thymian.

Admiral und Trauermantel erscheinen zur Reifezeit der blauen Bauernpflaume. Apollofalter haben Verabredungen mit der Kresse. Zuletzt, im September/Oktober, locken noch einmal die hohen Staudenastern, deren zartbunte Farben zauberhaft zu Schmetterlingsfarben stimmen.

Den Schwalbenschwanz sahen wir einmal tagelang den Blumengarten unterm Hausfenster durchgeistern, wobei er sich stundenlang in der Luft hielt, ohne abzusetzen. Ein Rüpel von Kohlweißling verfolgte ihn zuweilen. Dann schwang sich das edle Geschöpf haushoch hinweg.

Seltsam ist jene müde Abendstunde im Garten, in der plötzlich leidenschaftliches Leben der dämmerfarbenen Nachtschwärmer erwacht und Nachtkerzen und Phloxe in rasendem Fluge umschwirrt. Zum Absetzen auf den Blumen ist keine Zeit – es wird nur in der Luft stehend von den Kelchen getrunken.

Abends acht Uhr dreißig kommt immer ein Nachtschmetterling zur Sandnelke und saugt schwebend Honig, ohne Platz zu nehmen. Alsbald kommt eine Kröte herübergekrochen, stellt vergeblich dem Falter nach und humpelt verdrießlich wieder fort.

In Steingärten, besonders in solchen, die kleine Wasser- und Sumpfbecken am Fuße der Steinpartien enthalten, gibt es immer viel überraschendes Tierleben zu beobachten. Die Vögel zeichnen sich vor den Steingründen klarer ab als sonst im Garten. Der Specht mit seinen starren und eiligen Bewegungen – Spechte, Meerschweinchen und Rebhühner laufen wie auf Schienen – sucht sich zwischen Polsterstauden Ameiseneier. Wunderliche kleine Kreuzkröten mit auffallender Rückenzeichnung verschwinden mauseschnell in Erdlöchern und blicken wie mit einem Monokel draus hervor. Eidechsen hausen jahrelang an der gleichen Stelle und haben im Frühling den schönsten Goldglanz.

Alljährlich nimmt der heranwachsende Garten an Vogelreichtum zu. Überall sieht und hört man irgendein erlauchtes kleines Vogelwesen. Im Anfang fliegen sie noch eifrig und zielbewußt hin und her und verraten durch ihr Gebaren ihre Nesterbäume. Kleine Vogelerlebnisse haften jahrelang an allen möglichen Büschen und Bäumen unseres Gartens. Eine blaue Douglasfichtengruppe am Fenster wurde untrennbar vom Farbenreiz des Rotschwänzchens auf ihren Zweigen. Hartnäckig blüht in einem Baum seit Jahren die kleine Erinnerung, wie einmal an warmem Frühlingsabend aus seiner undurchdringlichen Krone das wohlige Vogelgezwitscher drang.

Wenn man genau untersuchen würde, worauf Menschen stolz sind, so würde man zu erstaunlichen Ergebnissen gelangen – bei sich selbst und bei anderen. Wir im Bornimer Garten sind stolz, daß das Rotkehlchen nun schon jahrzehntelang in Hecken und Sträuchern ums Haus herum auftaucht. Es ist so reizend, daß dies kleine, scheue Edelwesen hier seine Heimat hat, wo wir unsere haben.

Jeder ist in seinem Garten stolz auf Grasmücke, Pirol, Zaunkönig, Wildamsel und Nachtigall, auch wenn er gar nichts dafür getan hat. Tut man dagegen das geringste für die Vogelwelt seines Gartens, so wächst der Stolz über den zunehmenden Vogelsang fabelhaft.

Mein Garten hat auch die Ehre, Wildamseln zu beherbergen, jene graue Drossel, deren Gesang einem ekstatischen Stammeln gleicht, wohl ein Äon urweltlicher als der Gesang der schwarzen Amsel. Die Jungen wiegen sich auf den Spitzen des Säulentaxus vor dem Fenster, beliebten Plätzen zum Absitzen vieler Vögel.

Man sollte meinen, ein ganz früher Vogel wecke alle andern, so daß sie auch gleichzeitig zu singen begännen! Doch haben die Vogelkundigen für den Frühling und Frühsommer ganz bestimmte Zeitpunkte und Reihenfolgen des Erwachens aller Vogelgesänge erkundet. Der Gesang der einzelnen Vögel ändert sich im Lauf des Tages ebenso wie vom Frühlingsbeginn bis in den Sommer. Bei manchem Vogelsang hört man fast die Tageszeit heraus. Am größten ist der Zauber in allererster Frühe, wenn der Pirol sein erstes Wiehern in die taufrische Luft und das kaum erwachende, noch fast tote Licht tut. Leise fragende Stimmen anderer Vögel wachsen zu einem Orchester zusammen, in das nun Amselklänge hineintönen. Die vielstimmige Aufregung legt sich erst nach Stunden. Abends nehmen Drossel und Gartenamsel und schließlich die Nachtigall wieder das volle Pathos des Morgens auf.

Tritt jemand in unseren Garten, in dem gerade die Nachtigall singt, so tut man, als wäre das selbstverständlich.

In Nachtstunden nach heißem Sommertag wirft der Schläfer zuweilen den Schlaf fort, um zu spüren, in welcher Herrlichkeit der Welt er ruht. Er trinkt die lächelnde Stille der Juninacht wie eine Kraft. Und wieder ertönt die Stimme eines unbekannten Geschöpfes: Die ganze Nacht hindurch zieht auf der goldroten Mitternachtsseite ein Vögelchen die süß verwehenden, wehmütigen Silberfäden seines Gesanges über die Wipfel der Kirschgärten hin, die in hellem Dämmer liegen – während auf der Südseite am Waldrand voller Mondschein mit Eulen- und Käuzchenruf herrscht.

Seit Wochen tönt immer wieder Nächte hindurch das fragende Singen jenes kleinen Nachtwesens in das Scheiden und Kommen grünen Lichts.

Der Pirol wohnt nun schon seit zehn Jahren im hohen Waldrande hinter dem Blumengarten am Hause und läßt seine goldenen Klarinettentöne durch den hohen Sommerwolkentag hallen. Sein Sang beginnt mit dem ersten Schwertlilienflor, durchwirkt endlose Blumenreigen ganzer Monate, und spät erst, im reifen August, verhallt und verschwindet das goldene Wunder in sagenhaft fremde Ferne. Manchmal schweigt er tagelang über irgend etwas und läßt uns unruhig werden. Dann wieder plötzlich an einem duftenden, tief beseelten Morgen ist die Luft erfüllt von einem Schwall jener unbegreiflichen, heimatlich fremdartigen Töne aus den Sphären zwischen Wipfel und Wolke.

Neulich hatte der hohe Sänger sich herabgelassen, mit Familie einen niedrigen Gartenbaum am Nachbarzaun zu besuchen und dort den jungen Pirolen die wahren Klarinettentöne beizubringen. Der ganze Baum war erfüllt von hallenden Piroltönen, und alle Strophen der einfachen Melodik wurden abgewandelt.

In Oktobermorgenstunden, wenn der Garten voller Tau ist und die Spinnen sich nicht in ihre Prachtnetze wagen, wenn schräge Sonnenstrahlen vom hohen Baumrand her goldgraue Lichtbrücken in den herbstdunsterfüllten, tauglitzernden Farbenkessel des Senkgartens am Hause legen, der in roter Rankenglut und goldbunter, feuchter Herbstverwilderung steht, dann blitzt durch Dunstgebälk des Lichts zuweilen der blaue Funke des Eisvogels. Das raffinierte Tier läßt sich der Farbe wegen im roten Zwergahorn am Wasserbecken über den Goldfischen und letzten Wasserrosen nieder; manchmal auch steht das blitzblaue Vogelwunder rüttelnd wie ein Sperber in der Luft an gleicher Stelle.

Seltsam, wie alle Vögel ihr bestimmtes kleines Revier im Garten oder in der Wildnis haben und immer wieder an denselben Stellen auftauchen, obgleich sie doch frei wie der Vogel sind und keine Weltreisen scheuen. Seit vielen Jahren wohnen die Stare oben an der Dachrinne mit den übergebauten Ziegeln, machen flügelschlagend, quirlend und zirpend ihre Kapriolen, putzen sich und grabbeln mit den Schnäbeln in der Westentasche. Die weißen Tauben daneben staunen sie an – wie weißgekleidete Ehrenjungfrauen Humoristen im Frack.

Die Nachtigall hat höchstens einen Aktionsradius von hundert Metern. Scheint er größer, so sind zwei am Werke. Es können Wochen vergehen, ehe sie gleichzeitig singen.

Der Kuckuck aber kehrt sich überhaupt an nichts. In seinen Familienangelegenheiten rechnet er auf die alljährliche Beharrlichkeit fremder, solider Leute.

Das kleine krächzende Käuzchen scheint seit acht Jahren mit dem siebenten Zaunpfahl am Felde verheiratet. Gleich dahinter trifft man tagsüber selbstverständlich die Haubenlerchen.

Wie eng ist der leise Herbstgesang der Amsel an kleine, erwählte Gartenbezirke gebunden, im Gegensatz zum weiten Umherschweifen ihres Sanges im Frühling!

Hoffentlich werden sich all diese Tiere in ihren beharrlichen Märchengewohnheiten nicht durch unsere Mitteilungen an die große Öffentlichkeit beirren lassen.

Die Blume der Friedensgöttin

Der Blumenkultus erobert sich heute einen neuen Rang in der Weltkultur. Menschen, denen man es nicht zutraut und die in erregendsten Lebensaufgaben des öffentlichen Daseins stehen, kann man von neuen Blumen ihres Gartens mit einer Hingenommenheit, Ausdauer und Besessenheit reden hören, die in früheren Zeiten unverständlich gewesen wären.

Zuviel oder zuwenig Arbeit vertreibt aus dem Paradiese. Endlich sind wir auf dem Wege zur Wohlbemessenheit der Arbeit und zu einer sinnvollen Umgestaltung der Freizeitverwendung für alle Menschen. Und hier wird für jung und alt zusammen mit vielen anderen hohen Dingen der Lebenskultur das unerschöpfliche Reich des Gartens zu einem Lebensrecht kommen wie nie zuvor.

Was begibt sich denn im Juli in den Gärten Schottlands oder Ostasiens, und was wissen die Gartenfreunde dort von den Sommergärten in Zürich oder Stockholm, Berlin oder Moskau? Davon haben wir jahrhundertelang wechselseitig keine Ahnung gehabt und uns um diese denkbar lebendigen Angelegenheiten diesseits und jenseits der Grenzen unglaublich wenig bekümmert. Das künftige Wissen einer neuen Garten- und Landmenschheit um den vollen Reichtum jedes Gartenmonats im eigenen Land wie auch in anderen Ländern wird tausendfältige Überraschungen mit sich bringen. Die Entwicklung eines solchen eindringlichen Wissens um die Gartenheimat der anderen wird auch das Heimatbewußtsein, das Gartengefühl und den Wetteifer jedes Volkes steigern helfen.

Schon die letzten Jahrzehnte haben, allem Sturm der Zeitläufte zum Trotz, unsere Gärten um ungeahnte Schätze aus allen Weltgegenden bereichert. Was erst mag im kommenden Jahrhundert dem Garten beschieden sein!

Der tiefste Frohsinn unserer Beziehung zu dem neuen Schönheitsreichtum der Gärten, der sich erst unserem Zeitalter erschloß, nimmt auch schon innersten Anteil an dem Glück der Menschen, die nach uns kommen, – also auch am Zusammenklang dieser Gartenfortschritte mit den verwandelten Aufgaben und Zuständen der Zukunft. Wir fühlen uns ganz im Dienste unserer Zeit, wenn wir daran mitwirken dürfen, den künftigen Menschen, welche zur Vollendung bringen sollen, was in unserer Epoche begann, diese guten Blumengeister mit auf den Weg zu geben!

Iris ist die Blume der Friedensgöttin, die auf buntem Regenbogen zur Erde niedersteigt. Sie lächelt all jenen zu, die dem Zauber dieser feierlichen Frühlingsblume verhaftet und an ihrer Veredelung und Verbreitung tätig sind. Sie ist ihrer Sache ganz sicher und weiß, daß der Erdenfriede ebenso mühevoll und unaufhaltsam

Schritt für Schritt errungen wird wie das großartige neue Schönheitsreich der Friedensblume.

Wir verwunschnen Wetterwesen

Ein paradiesisch schöner Herbsttag folgte dem andern wochenlang, – und mancher unter ihnen brachte, was niemals wiederkehrt.

Am warmen Morgen tief schon in der zweiten Hälfte des Oktober donnerte ein Herbstgewitter in der Frühe. Ihm folgten stundenlange Regenstürze, die sich am Mittag strahlend in blaue Heiterkeit verwandelten; ein neuer Schöpfungstag schien angebrochen.

Der blaue Nebeldunst beherrschte rings den Garten und die Ferne. Schon auf zehn Schritte wirkten die Lasuren und wandelten die reiche Herbstverworrenheit in träumerische Bilder.

Ein Schmelz der Neuerschaffenheit, nicht zu erklären, ließ jeden Anblick im Garten und im Lande überraschend wirken, – band alles in das Glücksgewebe dieser Stunden ohne Lücke.

Spitzpappeltürme ragten wunderlich in Nebelhöhe, und gelbe Blätterschirme der Kastanie waren wie von Lampenschein durchleuchtet. Die alten Douglasfichten auf Hügelchen des Felsengartens, nur einen Steinwurf weit von hier, hatten Gebirgsblau angelegt und standen in Verzauberung. Der Hochwaldrand, ein halbes Tausend Schritte weit vom Garten, lag wie im Dufte einer fernen Alpenkette und schwang weithin in selighelle Bläuen, von Felderstreifen goldenen Spargelkrauts begleitet.

Die ganze Welt ertrank in tiefer Fremdheit. Schauende wurden ganz leise im Gespräch. Der Volksmund sagte schüchtern vom Gartenzaune her: »Das ist, als wenn man ganz woanders wär.« Die Welt lag regungslos, nur von bekannten Gartenplätzen her kam aufgeregtes, pausenloses Spatzenzwitschern.

Die Luft war wunderwarm, als ginge es wieder auf den Sommer zu, und jeder Atemzug durchtränkte alle Bilder. In leisem Nebelduft vor rotem Zwerggesträuch glühte ein dunkles Blau und schwebte in der Luft: Herbstflor des Rittersporns.

Doch bald verwandelte sich alles ganz. Der Himmel umzog sich rings mit herbstgeprägten Wolken, die flüchtig mit dem Erdenherbst Zusammenklänge brauten, an Reichtum nicht zu fassen. Erregter Schönheitsgeist des Himmels und der Landschaft rumorte an allen Enden, wohin man sich auch wandte. Der Nebeldunst am Grunde wurde wieder stärker. Mannshohe rote Asternbüsche standen fremd vor bläulichweißer Nebelmilch, darin die nahen Bäume und Gesträuche schon versanken und oben noch in voller Klarheit ragten. Zu welchem Schatzhaus stiller Farben, die kein Wort benennen kann, ward nun an Nachbars Grenze der Baumrand drüben aus alten Kiefern, Birken, dunklen Eichen, in denen schon das Feuer der Verwandlung glomm. Sie standen mit dem Fuß im Nebel, – in ihren Wipfeln hing mit blauen Schwaden Rauch von Kartoffelfeuern und würzte rings das Kraftgebräu der Luft.

Nun glühte tief im Westen über morschen Wälderfarben der Himmel feurig auf, derweil im Osten rötlichgoldne Wipfel vor erloschnen Himmelsgründen brannten, die jetzt minutenlang ein bläulich-violetter Schimmer überflog. Kostbare Farbenklänge, in Tönen niegesehener Edelsteine wie von andern Sternen, kamen und schwanden und schmolzen in immer neue Bilder ein.

Die Fülle des Herbstbehagens, zugleich eratmet und erschaut, ist solchen Stunden ganz verschmolzen.

Wenige Eisenbahnstunden entrückten uns Anfang Oktober müder, stillreifender Herbstsonne, die so tut, als läge die ganze Welt in ihren Armen, und trugen uns hinauf in den ewig jungen, feurigen Sonnenbrand des Hochgebirgsherbstes und in dramatisch bewegten Wechsel aller Wetter und Gezeiten.

Hier warteten Herbstabende von der lauen, sammetweichen Schwüle des Hochsommers im Tiefland und neigten sich dann stillgrauem, von dröhnendem Fernblau durchwirktem Föhnwetter zu, das in gipfelverhüllenden Gewitterregen überging; und spätabends, als die Gipfel wieder wolkenfrei zu werden begannen, ließ ein letztes Wetterleuchten höchste Felsenhänge, vom Neuschnee geschmückt, herrlich wie Silbergeschmeide aufglänzen hinter nassen, scharlachroten Wildkirschenzweigen, lodernd über Herbstzeitlosenhängen.

Im Blitzleuchten waren auch noch andere Blumen zu sehen: die weißen kleinen Blumenschalen der Parnassia, der längstblühenden aller Bergblumen, und der große blauviolette Büschelenzian, der mit fertigen Blütenständen überall aus dem Boden brach und sich hier schon halb, dort ganz emporgereckt hatte. Seine seltsamen Gebärden rühren an die alte Griechensage von Blumenbotschaften Persephones aus der Unterwelt an die Oberwelt.

Wie kann hier oben noch die Oktobersonne durch goldene Zweige niederbrennen. Selbst Frühlingsenziane hat sie noch einmal zu blauem Leben zwischen gelben und bunten Gräsern geweckt; es ist kein Ende der späten Blumenüberraschungen. Wo wir auch neue Schatzkammern der Bergschönheit betreten, immer schon warten viele kleine Bergblumen auf unser Erstaunen. Sie haben oft noch Wochen vor sich, ehe sie ganz erlöschen und nur im Schutze der Waldränder weiterblühen, wo sich Schneerosen schon zu monatelangem Flor rüsten.

Wir verkannten Verkenner

Verkennen und verkannt zu werden gehört zum Menschenlos. Unser persönliches Verkanntsein verhält sich dabei zu unserem Verkennen wie ein See zum Meere, und leider werden wir nicht einmal durch Erfahrungen des Verkanntwerdens unserer Person, unseres Lebenswerkes und unserer Beweggründe daran gehindert, der Welt und den Menschen tausendfältige Verkennung angedeihen zu lassen.

Es gilt also, der Gerechtigkeit durch teilweises Offenlassen unseres Urteils zu dienen und den Vorbehalt, der die stille Grundlage der Gerechtigkeit ist, nicht nur im Wort und Verhalten, sondern auch im Herzen gelten zu lassen.

Groß bleiben ein Leben lang die Gefahren der Weltverkennung durch viele von Jugend her eingeschliffene Urteile.

Vorurteile überwuchern überall die Urteilskraft, halten uns den größten Reichtum vom Leibe und wehren Lebensströme ab, die zur Verwandlung unseres Daseins bestimmt waren.

Denn die Welt ist nicht so, sondern noch ganz anders. Sie ist auch denkbar viel zugänglicher für jede Art von Begärtnerung. Man begegne ihr mit vorsichtigem Draufgängertum und unbeirrbarer, also für andere rätselhafter Ausdauer. Die Ausdauer ist die Ernte. Mangel an Ausdauer läßt die Frucht auf dem Halme verfaulen.

Zu den merkwürdigsten Überraschungen gehört es, daß Menschen und Dinge sich in erfreulichstem Gegensatz zu ihrer Umwelt entwickeln und ganz den Vorurteilen widersprechen, die wir jener Umwelt, etwa einer Volksart, Gesellschaftsschicht, Familie oder Berufsgruppe, entgegenbrachten.

Alle Menschen, mit denen wir in langer Beziehung stehen, einschließlich der Nächsten, bereiten uns fort und fort durch Wesensart, äußere Erscheinung, Leistung und Charakter, Schicksal und Entwicklung, durch ihr Verhalten und Verhältnis zu uns und anderen immer neue leise oder tiefe oder gar nicht zu überbietende Überraschungen und wir ihnen. Das reicht vom flüchtigsten Gesichtsausdruck bis in alte Briefe.

Wenn wir der Weltgeschichte des Verkennens großer Menschen nachgehen, werden wir gewahr, wie oft die Großen auch von den Großen verkannt werden. Manchmal dauert es ein Jahrhundert, bis die Verkennung im Kreise der Eingeweihten ausfieberte – für die anderen fiebert es noch jahrhundertelang weiter. Was den größten Menschen hierin geschah, mag unser Trost und Maßstab bleiben für das, was uns oder geliebten Menschen geschieht.

Dennoch sollen wir uns unserem Verkanntwerden ohne Bequemlichkeit oder Hochmut stellen. Oft sitzen da, wo wir uns völlig sicher und andere am selbstverständlichsten unterrichtet glaubten, gerade die Gefahren.

Das Gebot dagegen heißt: Erkenne die Gesetze der Lebensbühne und folge ihnen. Lebe, rede und handle von morgen ab noch »bühnenwirksamer« und unmißdeutbarer bis ins vermeintlich Unwesentliche hinein, denn du stehst ununterbrochen im Rampenlicht.

Besonders bedenke auch, daß Präzision in Geldsachen für die große Menge die Wasserscheide zwischen Achtung und Nichtachtung vor einem Menschen ist, und damit muß man rechnen. Geld ist ein Probierstein für viele Seiten des Charakters.

Wir sollten uns auch äußerer Sicherungen und Symbole für unser rechtes Verstandenwerden bedienen. Alles Ja und Nein unseres Wesens kann noch entschiedener und sichtbarer zum Ausdruck gebracht werden, wobei Charakterdingen und Geschmacksdingen oft fast ebenbürtige Bedeutsamkeit zukommt, – denn es gibt keine Äußerlichkeiten! Was um dich ist, zeugt geheim für dich oder gegen dich.

Wie wir uns aber auch stellen und was wir auch in der Welt auszurichten streben, – es branden doch beständig Wellen der Verkennung unserer Person und unserer Arbeit weiter an uns heran. Immer gibt es etwas Neues zu berichten und abzuwehren. Den anderen geht es auch so mit anderen, zuweilen auch mit uns. Oft genug sind wir selber unter den ungerechten Angreifern, sei es auch nur in unserm Innern – wobei es schließlich doch nicht immer bleibt.

Auch Menschen, die mitten im Leben stehen, in keiner weise Einzelgänger oder Sonderlinge sind und keinen verschlossenen Charakter haben, können schwer einen genügend starken Begriff gewinnen, wie viele Rätsel und Unberechenbarkeiten und welche Widersprüche und Geheimnisse ihr Wesen und Leben und Tun doch immer wieder für Nahstehende und Fernstehende enthalten kann.

Wir bleiben einander auch im nahen Leben wechselseitig noch so voll unbekannter Länder, daß selbst unsere Liebe uns nicht vor manchen Formen der Verkennung des anderen schützt.

Dies alles ist die eine Seite! Die andere besteht in einer lebenslangen Überschüttung mit Anerkennung, Dank, Liebe und Wärme, Güte und Anhänglichkeit über alle Begriffe, die den Betroffenen tiefer bewegt und erschüttert als alle kritisierenden Verkennungen zusammen, – aber von ihm nur seinem Wollen zugerechnet wird, während er sich gleichwohl für Kritik um so aufgeschlossener findet.

Der wichtigste Kern weitreichender Lebenswirkungen liegt oft jenseits dessen, was selbst der Urheber davon aussagen kann.

Wenn ein Mensch aber diese oder jene Eigenschaft hat, so gilt es bei vielen als ausgemacht, daß er dann diese oder jene andere Eigenschaft nicht zu haben hat!

Die Menschen glauben leicht in ihrem Anerkennen, sie dürften oberflächlich vereinheitlichen und ärmer machen. Auch was außer der Reihe tanzt, wollen sie gern in Rubriken und Berufsmarken einordnen, die überall wahre Prokrustesbetten aufbauen. Sie sind geneigt, Menschen, die ihnen durch besondere Geisteslage auffallen, nur als Relief, statt als allseitige Skulptur anzusehen, oder nehmen sie als einzelnen Bergkegel anstatt als weithingelagerten

Höhenzug, der hinter ihren Horizont reicht und sich noch in ganz andere Gegenden wendet.

Viele Menschen sind in ihrer wunderbaren Breitenlagerung und Kontrapunktik, ihrer innersten Einheit bei unerschöpflicher Verwandlungskraft und Vielheit den Mitlebenden, auch wenn sie jahrzehntelang mit ihnen leben, ganz unfaßlich und unüberschaubar.

Es gibt auch unter Menschen ein höheres Ahnen über alles Verstehen hinaus, das wir Liebe und Verehrung nennen. Es ist die Kraft, Geheimnisse höherer Welt durch einen Menschen auf uns einstrahlen zu lassen. Auch darf das Rätsel, das jeden umschwebt, nicht verkannt und verflacht werden.

Der Zustand der bisherigen Menschheit deutet darauf hin, daß über der Verkennung im einzelnen doch bisher noch eine Gesamtverkennung dessen liegen muß, was der Himmel mit uns allen vorhat, – eine Verkennung also der erhabenen Forderungen, die täglich von oben her an jeden einzelnen Menschen ergehen und auch mit Bereichen sehr handfesten späteren Geschehens eng verknüpft sind.

Glaubet fest der inneren Stimme, daß die Menschen so geschaffen worden sind, daß ihnen alles in Welt und Leben nur dann auf die Dauer glückt, wenn es im Einklang steht mit den höchsten Vorstellungen und Empfindungen, deren die Seele fähig ist.

Möchtest du lieber zu den Sternen einer Weltordnung aufblicken, die mit allen nur möglichen und schließlich immer unerbittlicheren Mitteln die Menschheit aus der Wildheit in die Höhen unserer herrlichsten Ahnungen hinaufdrängen will, die nicht umsonst in uns gepflanzt sind? Oder möchtest du nur das Sterngeblinzel einer Weltordnung über dir haben, die mehr oder weniger fünfe gerade sein läßt und dies ganze Menschheitswesen endlos verworren zwischen Mensch und Tier schwanken läßt ohne einen Plan für die Höherentwicklung der Menschheit?

Das Höchste über den Himmeln, das mit Licht und Finsternis das ewige Werk vorwärts drängt, hat auch das völlig Böse werden lassen und es mit allen Dämonen dem großen Plane eingeordnet. Der herumentschuldigende Unglaube an das absolut Böse bringt diesem die größten Erfolgsaussichten.

Die dunkle Ahnung einer verborgenen Sinnhaftigkeit all des schwer durchdringlichen irdischen Geschehens ist aus unserem Innern nicht auszurotten. Alles scheint schließlich darauf hinauszulaufen, daß den Menschen mit allen Mitteln die vermeidbare Grausamkeit jeder Art gegeneinander im Kleinen und im Großen ausgetrieben werden soll.

Ein weiter Weg. Eine Verwandlung ohnegleichen, die vom Bereich der größten Verantwortungen bis in alle Bezirke des täglichen Lebens reicht. Und ganz in dem Maße, in dem sie zum Erfolg führen wird, werden uns die Grausamkeiten des Himmels verringert erscheinen.

Es ist in unsere Macht gegeben, uns von diesem verkennungsumdrohten Dasein auf unserm gefährlichen Stern dahin erziehen zu lassen, immer unverkennbarer und geschmeidiger, weltgläubiger und ungebrochener, mitfühlender und wachsamer zu leben.

Die Wappenblume des Herbstes

In der Erloschenheit und regungslosen feuchten Stille mancher grauen Spätherbstabendstunde scheint die Natur so tief zu ruhen, daß auch der Mensch an dieser sanften, grenzenlosen Ruhe teilhat, die sich bei ihm fast unbewußt mit leisem Fest- und Frohgefühl verbindet. Die schönsten Spätherbstblumen blühen in den Gärten, um es zu besiegeln: gedämpfter Farbenjubel dringt in die müde Welt von vielen Gartenplätzen her, die alle Schätze des Chrysanthemums in diese Wochen tragen. Die Glanzgestalten mischen ihre samtroten, weißen, goldenen, rosaroten und kaltgelben, braunen, schwefelgelben und orangeroten Farben durcheinander, ohne daß Mißklänge entstehen; die Vornehmheit der Töne schützt den Zusammenklang. Kleine Blüten trillern in Büsche großer Blumen mit verwegenem Farbenspiel, und mannshohe steile Pfeiler rosafarbener Margeriten umstehen tänzerisch beschwingtes Zweigwerk, das dunkelrote Blütenlasten niederbiegen.

    Die Dunkelheit hat Mühe, den Farbenbrand zu löschen. Wir gingen mit Freunden noch nachts zu den Beeten und schreckten diese späten Märchenwesen mit der Blendlaterne auf; dann rauschten wir durchs welke Laub dem lampenhellen Hause zu, in dessen

Räumen viele Blumen vereint mit buntem Blattgezweig und Gräserblüten in den Vasen standen.

Ohne dieses Doppelspiel der Blütenwelt im Garten und in Vasen bleiben wundersame Dinge unerlebt. Die späte Blume macht uns aus Beraubten zu Beschenkten, verwandelt Klage in Dank.

Kürzlich erhielten wir aus China einen Stiel der Wildblume des Chrysanthemum: ein winziges, pfenniggroßes gelbes Blütchen! Welche Ausdauer und Zuversicht von Menschen langer Zeiten ist da am Werk gewesen, um aus der Pfennigblüte solche Pracht zu schaffen! Denn das Chrysanthemum ist die älteste Gartenblume der Erde; erste Kunde über sie kommt aus dem dritten Jahrhundert vor Christus, und schon vor fünfzehnhundert Jahren gab es einen Kult dieser Pflanze mit Blumenfesten am chinesischen Kaiserhof. Von der Rolle, welche das Chrysanthemum in all seinen Variationen seit langem im Fernen Osten für die Gärten und die Blumenschmuckkunst spielt, geben uns japanische Farbholzschnitte ahnungsvolle Begriffe. Aber erst vor hundert Jahren reiste die Pflanze aus dem Osten zu uns. Sogar die Dahlie machte in Deutschland eher von sich reden.

Als ich am Anfang des Jahrhunderts mich dem Chrysanthemum zu verschreiben begann, gab es erst drei bis vier Gartensorten. Ich suchte aus allen Fernen und Winkeln Deutschlands, Österreichs und der Schweiz die alten namenlosen »Winterastern« zusammen und gab ihnen auf Grund der Egienarten jeder Pflanze die Namen, unter denen sie seither bekannt wurden: Herbstrubin, Nebelrose, Altgold,

Rehauge, Herbstbrokat, Novembersonne. Sie haben sich zu behaupten vermocht, obwohl später die züchterische Entwicklung ganz neue Wege nahm, auf denen erst wahrhaft erreicht wurde, was mir in meinem frühen »Chrysanthemum-Fieber« vorschwebte.

Diese Blume führte ihren Freund weit umher, vor allem auch in die spätherbstliche Schweiz; wir haben dort tagelang im Auto Jagd auf verbreitungswürdige Sorten gemacht und oft noch spätabends mit den Scheinwerfern in Friedhöfe hineingeleuchtet, wo uns glutrote Blumenaugen wie Granatsteine entgegenblinkten und noch zu Verhandlungen mit dem Küster brachten. Die Bevölkerung verhielt sich freundlich duldend, da man Geisteskranke nicht noch reizen soll.

Ich erinnere mich eines Novemberabends, an dem ich in dem Ort Stäfa am Südufer des Züricher Sees eine farbengewaltige Szene erlebte. Die elektrischen Uferlampen waren eben entzündet, der See spiegelte, orangerote Lämmerwolken, die Ufergärten waren samtig föhnblau und hatten schon abendliche Silberlichter aufgesteckt. Das Herbstlaub brannte überall zwischen den mächtigen dunklen Pyramiden der Mammutbäume. Und alle Gärten ringsumher waren überschüttet mit Massen von bunten Chrysanthemen!

Wir kamen vor jenem Hause, das die Gedenktafel des Goethe-Besuchs trägt, mit ein paar Frauen ins Gespräch. Sie sprachen aber nicht von dem Gedicht, das hier entstanden war: »Und frische Nahrung, neues Blut saug ich aus freier Welt...«, sondern redeten über die späten Blumen in den Gärten, nannten sie

»chinesische Winterastern«, brauchten sie bei Erntefesten und an Feiertagen in Kirchen und auf Friedhöfen, hoben sie aus dem Garten in die Töpfe, um sie im Hause zu spätem langem Blühen am Fenster im Kühlen zu bewahren und nachher wieder in den Garten zu setzen.

Es erwies sich aber bei der späteren Durchprobung schönster Schweizer und anderer Gartenchrysanthemen, daß nur ein begrenzter Teil dieser Sorten in deutschen Gärten noch rechtzeitig blühte.

Da erreichte uns zu Anfang der dreißiger Jahre die Kunde aus einer kalifornischen Gärtnerei, daß dort die Kreuzung des Chrysanthemum indicum mit einer wilden Korea-Art gelungen sei und zu vermehrter Üppigkeit, Starkwüchsigkeit und Härte geführt habe. Ich bestellte das ganze Sortiment, das per Kühldampfer anrückte, auf seine besten Sorten geprüft wurde und sich nun mit Windeseile durch Deutschland verbreitete. So wurde dem Spätherbstgarten unserer Breiten seine Wappenblume zugeführt.

Seltsame Naturgnade, daß nun diese fremdartig aristokratischen Gebilde so freudig bereit geworden sind, uns bis in jeden kleinen Bauern- oder Laubengarten hinein zu dienen und winterfest auszudauern. In den langen Wochen von Ende September bis tief in den November, die ja für den Garten immer bedeutsamer werden, können wir uns nun an den Chrysanthemumbeeten und -sträußen erfreuen, deren warme und milde Buntheit sich zwischen Gobelin- und Kirchenfensterfarben bewegt. Wie man all die schneeigen, zarten, behaglichen und glühenden Töne dieser Blumen liebt, welche die Celloklänge und die Sandelholzdüfte des deutschen Waldherbstes auch in unsere Gärten tragen!

Wenn man von der ältesten Gartenblume spricht und von der Kraft, mit der sie unsere alten sentimentalen Herbstgefühle verwandelt, muß man auch der neuen Gnadenwelt des herbstlichen Rosennachflors gedenken. Die Rose ist die älteste Gartenblume Europas und die Blume der ewigen Jugend und Lebensglut, während jene Gartenblume des Ostens die »Blume des erworbenen Friedens«, die Blume einer souveränen Weltversöhnung ist.

Vom Glück des November

Es wird jetzt so wundervoll langsam Tag; lange genießt man diesen Morgen vor dem Morgen mit all seinen erwachenden Geräuschen, dem ersten leisen Gehen und Sprechen irgendwo im Haus und all den Tönen draußen; das Fahren eines Wagens auf der Landstraße ist wie ein Rauschen, fernes Hundegebell wird ins Glockenhafte gedämpft. Vom Waldrand melden sich wieder die behaglich-geselligen Novembertöne der Dohlen- und Krähenschwärme und vom fernen Fluß die Doppelklänge der Nebelhörner.

Man kann sich im Sommer und Frühherbst gar nicht in das eigentümliche Glück des November hineindenken. Es ist Musik auf ganz anderem Instrument, ebenso reich an Fülle und Überraschung, aber mit ganz anderen Vorzeichen.

Die Laubgeranke des Resedaweins, das breite Fenster rings umkränzend, stehen lichtgetroffen in so hellem Gold, daß nun das ganze Zimmer in leisem Goldlicht liegt.

Schon tagelang ist es vom Duft der Quitten und dem zarten Hauche des Chrysanthemum erfüllt. Das Fenster rahmt den reichverworrenen blaudunstigen Gartenanblick, in dem ganz unerwartet noch gelbe Fallschirm-Rudbeckien blühen.

Die Goldblätter der Kastanie sind aus dem schönen Zweiggehäng gerieselt; nun aber ward der Blick in sonst verhüllte Ferne frei.

Am Rand des Wasserbeckens im vertieften Gärtchen leuchtet durchs Binsengitter der Feuerherd des Zwergahorns in lodernd roter Pracht, die tauschwer in der Sonne blitzt und leise dampft.

Der hohe Strauchahorn mit zierlichem rotem Laubgezweig trägt immer noch sein Spätherbstgewand und dient in Haus und Garten dem Chrysanthemum. Diese späten Blumen beherrschen lange Wochen des November mit hundertfältigen gedämpften Farben, die das ganze andere Jahr nicht kennt.

Seltsam, jetzt sommerlich belaubte Weidenzweiggehänge vom Spätherbstwind bewegt zu sehen wie vom Sommerhauch!

Ein blauer, duftiger Nachmittag voll knospenhafter Heiterkeit ist aufgestiegen. Der Fensterblick hinaus trifft noch auf dichtes Grün des Heckenkirschenstrauchs, – dahinter liegen dunstig Feld und Wald. Zwei Stunden lang fällt immer wieder von der Arbeit der Blick auf dieses Bild. Die Lärchenzweige stehen im Goldgefieder, das täglich brauner wird, doch jeder Zweig bleibt grün gesäumt. Auch helles Buchengold reift im November zu herrlich braunem Kupfer, – in voller Reichtumslast von silbergrauem oder efeugrünem Stamm getragen.

Wind ist der Feind der Spätherbstpracht. Die Blätter schaukeln aus den Bäumen. Fast über Nacht ist nun der Heckenkirschenstrauch auch kahl geworden. Braune Blätter, die im Zweigwerk sich verfingen, hängen jetzt, vom Sonnenlicht durchleuchtet, Bernsteinplatten gleich im Tanggeäst. So webt um diesen Strauch ein Meerestraum. Ein Schneerest auf dem schrägen moosigen Stamm daneben gleicht Brandungsschaum an grünen Wassertiefen.

Taglilie und Chinaspier im Beet am Gartenhaus sind durch die Spätherbstneige zu neuer Schönheit ausgemünzt. Erschlagene silbergraue Reste von Blatt- und Stielwerk lagern flach vor der zermürbten Waldspiraea, die noch im blassen Laub die braunen Samenstände trägt, – Bild der Vergänglichkeit, das rührender kaum sein kann. Doch leben beide Wesen unterirdisch kraftvoll weiter mit immer reicherem Sprossennest, während sie ihr Herbstlied von der Vergänglichkeit dem Menschen singen, den sie noch lange überdauern werden.

Novemberjuwele sind im ersten Rauhreif die rotbeerigen Zwergfelsenmispeln mit erglühenden Blättern, von silbergrauem Hornkraut durchlagert und von Zwergnadelhölzern umgeben, die von welken Laubblättern fast erdrückt werden.

Manche flüchtigen Bilder, ganz auf Wetterstunde und Beleuchtung gestellt, schmerzen fast durch die Unmöglichkeit, sie zu bewahren, und bleiben gerade dadurch in uns unvergänglich.

Die Knospen der Schneeheide, der Schneerosen und des Schneejasmins schwellen immer stärker. Die früheste Schneerosenart hat schon beinahe abgeblüht, während sich am Grunde der Winterschneerosen kräftiges Knospenleben zeigt. Wer diesen Winterfrühling im eigenen Garten kennt, möchte das Novembergefühl nicht missen, monatelangem Massenflor der Schneerosen entgegenzuleben, der reiche Sträuße für das Haus liefert.

Kahle Novemberbäume im Garten stehen nun wie Masten abgetakelter Schiffe, die reiche Fracht löschten und im Winterhafen ruhen. Jetzt sieht man wieder recht, wie das Geäst junger Bäume, die man vor Jahre gepflanzt, sich festigte und eisenstarres Gezweige reckt und streckt. Der Laubfall dauert wochenlang, und der November bleibt auch in den letzten Tagen noch reich an Herbstfarben.

Zu den Gipfeln seiner Schönheit gehören die Sonnenuntergänge und Vollmondnächte. Man geht auf hohen, gefrorenen Ackerschollen wie auf erstarrter Lava und hört die Bäume leise über sich klirren, während im Westen bis hoch zum Zenit hinauf der ganze Himmel in blendender Abendglut steht und gleichzeitig die östliche Halbkugel des Himmels schon in blaudüsterer Mondnacht liegt.

Im kahlen Astwerk manchen Baumes blühen alle Gestirne, indes der Nachbarbaum noch volles fahles Laub ins Mondlicht breitet und sommerdunkle Schatten wirft.

Mit wunderlichem Durste trinkt das Auge noch jeden dichten Laubschatten, während wir doch längst mit Herbst und Winter Frieden machten.

Lebendiges Alter

Ein hohes Alter läßt ein Menschenleben nicht nur erst voll zum Austrag kommen, sondern es bewirkt auch in Nachkommen und anderen Menschen eine stärkere Lebenserwartung, also ein anderes Hineinragen der Zukunft in die Gegenwart, der Dauer in den Augenblick.

Mein Vater, der Astronom Wilhelm Foerster, der im 89. Lebensjahr bei einem Hochzeitstoast das Wort prägte: »Das Alter ist die Jugend des Lebens«, der mit 82 Jahren eine Amerikareise machte und sich noch hoch in den Achtzigern harte Reisestrapazen, schnelle Entschlüsse und ernstliche Arbeitsmühen auferlegte, berichtete aus seiner Jugend, daß damals, also in den vierziger Jahren des vorigen Jahrhunderts, die Sechzigjährigen schon dem Greisenalter zugerechnet wurden. Kleidung und Lebensart dieser Männer und Frauen wiesen auf eine vollkommene Feierabendeinschätzung hin.

In den letzten hundert Jahren hat sich das Gefühl für das Alter, für alle Möglichkeiten seiner geistig-körperlichen Lebendigkeit und schöpferischen Fähigkeit in einem Maße verwandelt wie noch in keinem Jahrhundert zuvor. Wir haben heute nur ein erstauntes Lächeln für jene pfeiferauchenden Lehnstuhlbewohner, die weh-

mütig der Vergangenheit nachsannen; denn in unseren Tagen haben Menschen viel höheren Alters verantwortungsvolle Stellungen inne und bewältigen mit wachem Geiste ihre großen Aufgaben.

Schnellzugfahrt durch schneeloses Winterland

(Andere lesen im Abteil)

Ein halbes Leben lang fährt man immer wieder aus der kleinen Heimat in die große und doch noch im ersten jugendfrohen Anfang des Kennenlernens beider. Wieder verläßt man nun die Hauptstadt in neuer D-Zug-Richtung und lernt nach den vielen naturschönen und den vielen künstlich öden bisherigen Strecken der Windrose wieder unerwartet eine neue, landschaftlich tief anrührende Welt kennen.

Wer sich dem Garten wahrhaft ergeben hat, der starrt vom Esienbahnfenster ausdauernd in den Weltgarten, auch wenn's ein grauer, milder Wintertag ist. Auf den Fensterplatz legt er Wert wie ein Kind! Der D-Zug rast einen halben Tag lang durch stille, spannende Lieblichkeit der schneelosen Landschaft. Alles im Abteil liest Zeitungen und Zeitschriften oder raucht. Die Raucher haben den Blick nach innen gerichtet, die schöne Welt ist Nebensache. Sie huldigen der Pflanzenwelt nur durch Tabakräuchern.

Wir suchen nach tieferer Erregung. Unsere Augen werden im Bann gehalten von der Erlesenheit dieser in sich gekehrten Geheimschönheit des Winters in

Feld und Hügel, Wald und Fluß, – von beständigen, leis erschreckenden Neuentdeckungen nie gesehener Reize und Farben.

Die Zeitungsleser rascheln überlegen und verweisend mit ihren Blättern und schauen zerstreut in die vermeintliche Armut und Öde der vorüberziehenden Landschaft. Lückenloses Schönheitsgewebe wallt draußen vorüber, in das nur manche unschönen Häuser Löcher reißen.

Über alle Felder hin und an Hügeln empor liegt's hingebreitet wie ein düsterfarbener Teppich aus mittelalterlichen, verschossenen, kostbaren Stoffen in Tönen verstaubter Edelsteine. Der Teppich ist aus lauter bunten Flächen wie die Gewänder buddhistischer Bettelmönche zusammengesetzt. Aus dieser Farbendecke ästeln sich die Filigranschnitzereien der Winterbäume empor.

Das Auge ruht tief in der verschwiegenen, zartbunten Winterlieblichkeit. Alles hier ist in wundervolle Zusammenhänge hineinkomponiert. Blaßblonde und goldblonde Winterwiesen sind geschmückt mit blaugrünen Binsenhorsten, – graugelbe Rasenhänge von feuchtem violettem Herbstlaub überrieselt, dessen Nässe blaugrauen Winterschein spiegelt, – Waldesgründe von dunklen Wacholderdickichten durchbrandet, die sich tierhaft wie Wildschweinhorden zusammengerottet haben. Giftgrüne Wintersaatenäcker leuchten zwischen getäfelten, schwarzmoorigen Feldergebreiten und bleichen Sandstreifen.

Was die Winteräcker und Felder doch an Abwandlungen und Abstufungen ihrer Farbtöne herausbekommen, die kein Wort taufen kann!

Alles steht im Reiz der Benachbarung und musikalischen Beziehung zueinander. Die Schönheit der großen Tongewebe adelt jeden Einzelton. Unscheinbare Geländegestaltungen, selbst die kleinen Ackerstufen und Wegrandhecken, spielen erstaunliche musikalische Rollen. Dem Auto- oder Bahnfahrenden wird diese Musik gerade im rechten Tempo vorgetragen.

Die weltblinden Zeitungsleser sind in die Kreuzworträtsel geraten, die Raucher kämpfen mit dem Schlaf. Landschaft rollt wie ein tausendgestaltiger stummer Film vorüber. Manchmal blicke ich betroffen vor mich hin, ehe ich das Auge wieder hinwende. Weißblondes Wintergras durchwirkt braune Adlerfarn-Dickichte am Ufer und lagert müde in erlenspiegelndes Wasser hinab, dicht neben einem weißblonden Schilfhorst, der steil aus dem Wasser steigt. Hinter fahlen Winterwiesen voll schwarzer Maulwurfshügel ragt drohend üppiges, schwarzes Geäst auf, hinterlegt mit blaßblauen Wolkenlücken des Horizonts; alte hohe Eichen stehen zwischen Buchen wie Gerüste von Aussichtskanzeln.

Schon wird ein schmales, erlengesäumtes Stromgewinde im Geharf seiner kahlen Uferriesen herangeführt. Der Silberfluß fließt spiegelnd aus unbekannter Schönheit in schöne Ferne. Die Sandgrube mit goldbraunen Adern zwischen Moos und Kiefern wirkt, als habe man im Schatzlager nach tieferen Schätzen gegraben.

Unerhörte Schmuckwirkungen steigen aus kleinen vorüberfliegenden Dingen: aus einem nassen Weg mit himmelspiegelnder Wasserlache, die in Radspuren auseinanderstrahlt, aus der in Smaragdfarben leuchtenden Petersilie im Bauerngarten unter rotbeerigem Weißdorngeäst, aus grünen Siegeln verjährter eingeebneter Maulwurfshügel in gelben Winterwiesen. Abgeblühte Wegrandstauden des Vorjahres stehen wie kleine Bronzedenkmäler ihrer selbst, durchwölkt vom weißen Dampf des Zuges.

Rauch steigt aus einem nebeldunstverpackten Hügelstädtchen und leiht ihm die genießende Gelassenheit eines Pfeifenrauchenden. Die Winteräcker wechseln in hundert grauen und schwarzen Tönen nasser und trockener chinesischer Tusche, und über ihnen stehen in gleichen Farben dunkle Winterbäume, die leise ihre schwarzen und grünen Bodenplätze beschatten. Dann kommen Äcker in allen Brauntönen von Kaffee, Bronze und Schokolade bis Sepia und Topas; dazwischen taucht gerade ein Bauernpferdegespann in wahrhaft feurigem Braun auf.

Dann gibt's als Unterbrechung ein Stück Langeweile: Landschaftsöde breitet sich aus, und ein gottverlassener, häßlicher kleiner Ort taucht auf. Schnell erholt sich die Landschaft wieder, und der tausendgestaltige Film rollt weiter. Erde und Felsen sind rötlich geworden: runde Hügelhänge mit Ackerstreifen und Wegbändern, von Schneeresten gesäumt, sind nun wie Farbenschichten geschliffenen Achats. Kleine Wasserläufe, von schwarzem Gesträuch und rotem Brombeergerank umwachsen, durchwuchert mit verlagertem Schilf und ginsterumkränzt, flirren in zarter, unbeschreibbarer Buntheit vorbei, ins Achatrot der Felsen gebettet, an denen Goldflechten wachsen. Die Wasser haben Mondsteinfarben, und Erlen drüber blühen himbeerrot, Glanzpunkte im vulkanischen Violettbraun der Winterwälder. Den roten, goldbraunen, grünschwarzen Tönen der Sträucher und Ranken, dem bastseidenen Wintergelb von Grau und Schilf, all den erloschenen, schön verwitterten Bodenfarben ist die erlesene Schlichtheit chinesischer Rohseiden eigen.

Der Zug ändert nun seine Richtung, so daß plötzlich in graublauem Ferndunst des Winters Hügelgewoge auftauchen und schnell höhersteigen. Die Waldberge sind aneinandergelagert wie müde, große Tiere, die im Schlaf die Köpfe wegstecken.

Aber die Vordergründe der Landschaft behaupten ihr Recht. Sie halten das Auge nicht weniger gefangen, wenn die Landschaft groß wird, als Lebensvordergründe, wenn die Schicksale groß werden.

Wieder hat sich uns eine Riesenfülle noch unbekannter Landschaftsräume, die doch unserm Heimatort ebenso nah sind wie tausend bekannte, auf kurzer Schnellzugfahrt geschenkt.

Der Garten der Erinnerung

Ununterbrochen wetterleuchtet das Gewesene in unserem Innern und mischt seine schwer deutbaren Stimmen in die Geräusche und Lichter des Tages. Im Lauf unseres Lebensmittags und -nachmittags wissen wir immer mehr mit unseren Erinnerungen anzufangen und verstehen besser ihre Weisungen und Zieldeutungen.

Der Garten unseres gelebten Lebens, der uns schon unabsehbar schien, als wir jung waren, ist wie eine weite bergige Landschaft, über die beständig wechselnde Wetter mit Scheinwerferstreifen der Sonne ziehen. Große Teile liegen im Schatten oder Nebel, bis plötzlich ein Hauch den Dunst der Ferne auseinandertreibt und nun auf längere Zeit diese Landschaftsgegend dem inneren Blick öffnet.

Die Beschwörungskräfte des Wortes kommen dem Gedeihen dieses großen Gartens der Erinnerung zugute wie fruchtbare Gewitterregen.

Durch Pflege und häufiges Durchwandern, was nicht immer einsam geschehen sollte, kann dieser Garten ungemein an Zugänglichkeit und Fruchtbarkeit gewinnen.

Die Menschen, die dort wohnen und aus der sichtbaren Welt entrückt wurden, sind immer bereit, in tiefbewegten Verkehr mit uns zu treten, wie geliebte Lebende, die an einem schönen Gartenplatz schon auf uns warten.

An friedhofsmäßigem Gedenken allein kann Abgeschiedenen nicht gelegen sein. Wie dankbar leben sie auf, wenn wir die Nebel der Trauer und des Vergessens zerteilen und uns nicht durch Selbstvorwürfe hemmen lassen, die alle Lebenden sich um Abgeschiedene machen – da sie nie das Gefühl haben, eine Liebe ganz so, wie sie es verdiente, zu pflegen; der Liebende fühlt sich immer schuldig, nicht genug Liebe und Liebedankbarkeit gezeigt zu haben.

Erst die Herrschaft über Selbstanklagen macht uns fähig, mit Dahingegangenen weiterzuleben in ewigem Wachstum aufeinander zu. Nicht in Verdüsterungen wollen sie uns zurücklassen, sondern in der Geistestreue und Unsterblichkeit des Liebens.

Die Liebe krönt alle Herrlichkeit der Welt.

Wunder von Menschen wurden unserem Leben geschenkt.

Liebe gilt Einmaligem, Irdisch-Unwiederholbarem – gilt dem unerklärlichen Rätsel Mensch, der Blume und Flamme am Abgrund. Auch wenn wir am tiefsten und heitersten lieben, nehmen wir schon die Schatten leise voraus. Die wir sehr lieben, sind uns sehr geheimnisvoll, sehr umdroht.

Auch um Langentrückte weben noch Gedanken, die sie vor Gefahr behüten wollen; das reicht bis in nächtliche Träume. Kein Mund kann sagen, was im Herzen der Liebe vorgeht.

Den Schatz der Liebe wahrhaft zu ermessen, lehrt uns erst der Verlust. Aber auch Liebende, denen ihre

Gewalt über unser Inneres voll enthüllt wurde, besitzen und lieben zuweilen wie in schlafwandelndem Gleichmut, was zu verlieren sie in tiefste Erschütterung versetzen würde. Selten wagt es die Seele, ihres höchsten Gutes ganz innezuwerden.

Der Verlust offenbart uns erschreckend die plötzliche Verarmung um einzigartige Anteilnahme an unserem Dasein, um wechselseitige Mitfreude im Kleinen wie im Großen, die wie Goldströme durch die Tage gingen. Durch lange Zeiten glüht in uns die Trauer, deren wahre Gestalt anderen verborgen bleibt – bis dann aus den Schatten des Fernerschwebens langsam holde Allgegenwart der geliebten Entschwundenen emporzuwachsen beginnt, umleuchtet auch von allen Heiterkeitsgeistern der Liebe und des Geliebtwerdens, und uns in die Erdenwanderung hinausgeleitet.

Unsere fortdauernde Verbundenheit mit allem, was wir lebten und liebten, können wir wunderbar erleichtern und beleben, wenn wir den Stimmen, die von dort immer wieder zu uns dringen und uns quälen etwas von uns wollen, uns Vorwürfe machen – den Fragen, die nach höherer Antwort verlangen, mutig Gehör geben; wenn wir uns fort und fort gewöhnen, unbeirrt von den Schauern dieses Umgangs mit dem Gewesenen, jenen Stimmen Rede und Antwort zu stehen und jede Anwandlung von Schwermut, Kleinmut oder Reue in ein Stück Taghelle, Tätigkeit und Fürsorge zu verwandeln.

Diese Versammlung in unserem Herzen will doch, daß wir mit ihr reden, fast wie mit einer Stimme aus dem Himmel. Und wenn wir mit unserem ganzen inneren Wesen und Leben vorankommen, dann haben auch sie teil daran, die geliebten Schatten. Sie wollen ihre höchsten Kräfte, mit denen sie uns fast das Herz abdrücken, in unser Vorwärtsschreiten hineinweben und auch hier auf Erden in das Wachstum des Reiches Gottes hineinverwoben werden.

Wintergang in der Dämmerung

Der Winter ist die Zeit der Entfaltung zartesten Farbenreichtums und reichster Schönheit der Linien und Umrisse. Herbst- und Winternebel erschließen uns immer mehr jene Glücksbeziehung zur Pflanzengestalt, für welche die Kunst des Fernen Ostens als erste und immer noch einzige so tiefen Ausdruck fand.

Ein Menschenalter lang bestaunt der Blick den Linienzauber der kahlen Baumgerüste; früher mir fremd, begleitet mich nun durch die Winter immer wundersamer die Freude an den entlaubten Bäumen und Gesträuchen, ununterbrochen wie die Freude an den belaubten; Freude an tiefer Verschiedenheit der Bauarten, an eisenstarrer, reckenhafter Pracht neben mädchenzarter Grazie, an flammenhaftem Lodern und tragendem, müdem Gebreite, ragenden Kuppeln und Türmen, korallenhaften Quirlgezweig und fließendem Haargehänge, an herrlichem schwellendem Spiel der ausgewogenen gewaltigen Kräfte und Maße dieser kühnen Wunderbauten des Lebens.

Wie schön war jüngst der kleine Gang im Abendrot bei lauer Stille durch den breiten Hohlweg in den alten Obstgehölzen, deren Winterhecken und Dornbüsche jedesmal Freundschaftsbündnisse mit uns erneuern, auch wenn wir sie wochenlang am nahen Ort warten ließen. In der großen Milde und Feuchte tranken Geist und Körper die belebende Kraft des tropfenblinkenden Astwerks. Der Dämmerhimmel rings war rosiggold und schwarz getuscht. Die schwarzen Astgewirre und Haargezweige traten im farbenumfunkelten Düster auf Schritt und Tritt zu neuen, raunenden Bildern zusammen.

Trotz ersten Sterngeflimmers blieben noch klar die eigenartigen Liniengedichte zu unterscheiden, welche die Gehölze in den Himmel schrieben: das Gezack des Schlehdorns, das Zweiggespinst des Weißdorns mit seinem dunkelroten Beerenschmuck, das Haargeflecht des Sauerkirschbaums oder das Lyragerüst des großen Birnbaums.

Der Weg führte vorüber an dem kleinen Strohdachhaus mit dem alten Pflaumenbaum edelster Rasse. Das feine Zweigwerk, in rhythmischen Abständen aus den Ästen strömend, ballte sich in dichten Strudeln und wunderbar geordneten Sprossenwirbeln, deren Fülle nach oben hin leichter wurde, und musizierte unter dem Nachthimmel voll sprühend verschwenderischer und gebändigter Kraft, – dicht am vielbegangenen Weg eine Sprache redend, die fast niemanden aufhorchen macht.

Und im mondbeglänzten Winterhochwald, der mit seinen Kronen in den Nachthimmel ragt, schienen die alten Baumsaurier auf ihren Schultern und Säulen Sterngewölbe zu tragen. Das Leben selber redet hier zum Leben mit Gigantenkräften, ebenbürtig den Gewalten von Gewitter, Felsenwucht und Orgelklang.

Kahles Baum- und Strauchgeäst an dunklem, nassem Wintermorgen, leise durchhaucht von schaurigfeuchter, winterduftender Nebelfrühe, scheint der sommerfernste Anblick der Natur, und ist doch eine ganz in sich geschlossene Schönheit. Man vergißt, daß Leben und Sonne diese Gebilde formten.

Kahle Bäume und Gesträuche sind nicht nur schwarz und braun. Der Blick durch das nebelduftige Wildgehölz des Bachufers nach dem kleinen Hügelwäldchen trifft auf alle Farben edler verwitterter Metalle, auf bronzeviolette Birkenwipfel neben silbergrauem Astwerk und auf rostrotes oder goldbraunes Winterlaub zwischen alten kupfergrünen Stämmen, deren Farbenschönheit vom hellen Blaugrün der Kupferpatina bis zum wärmsten Moosgrün reicht – an Kühnheit und Vornehmheit der Zusammenklänge und Farbenwagnisse nicht zu übertreffen.

Alte Eichenstämme haben ganz andere Farbenstimmungen der winterlichen Rinde als alte Buchen und Akazien; sie unterscheiden sich wie die Farben des Luganer Sees vom Comer See oder wie Grünspechtgefieder vom Blaumeisengefieder.

Wohin man blickt, lebt endlose Fülle in sich versunkener, wehmütiger Lieblichkeit, gewohnt, Blicke über sich gleiten zu lassen, die nicht sehen, was sie sehen. Unser Verhältnis zum Winter ist eines solchen Wachsens und Blühens fähig, daß die Seele gleichsam aus einem laubabwerfenden immer mehr zum wintergrünen Gewächs zu werden scheint.

Über Bachfelsen führt der Pfad jetzt durch braune Adlerfarne zum Efeu- und Immergrünhang und zur kleinen winterfrohen, mit Knospentroddeln und Vorjahrsfrüchten überhangenen Birke, unter welcher drei Wacholdergnome über einem verlassenen Vogelnest raunen. Jedes Plätzchen an Schattenrändern und Sonnenhügeln ist mir auch im Winter vom Wissen um die kleinen, dort schlummernd harrenden Frühlingsblumen geweiht. All jene traumzarten Gebilde – Märzbecher, Anemonen, Kissenprimeln, Erdrauch und Leberblümchen – haben hier ihre alten, festen Lebensstätten.

Wie alterlos erscheinen uns Bach und Moos, Farne und Anemonen! Der kleine Bach floß hier schon zur Zeit der Kreuzzüge und mischte sein leises Rauschen in die Laute der mittelalterlichen Sprache blumensuchender Kinder. Manche kleinen Blumenhorste am Wege überdauern Kaiser und Könige.

Da ist wieder der kleine reizende Winterfreund, der Zaunkönig. Er und ich allein wissen, daß er sein Nest dort unter dem rotbeerigen Wildrosenstrauch hat, über dem noch Hopfen und Waldrebengeranke lagern wie vergessene Karnevalsgehänge am Aschermittwoch. Sein kurzer Gesang gleicht einer eiligen, eifrig hergesagten Kuriermeldung. Diese kennen viele, wissen aber nicht, wer der kleine Sänger ist. Wenn ich dem zarten winterlichen Dämmerwesen nur beibringen könnte, wie gut ich von ihm denke.

Wie man das alles liebt, voll jugendlichen Entdeckerglücks liebt! Als sei dieser ganze Erdenaufenthalt erst der Morgen des Daseins.

Das sammetweiche Schweigen der großen dämmernden Einsamkeit wird von leisem Bachgeräusch begleitet. Nur ich weiß, wo ich bin.

Über mir die gotische Majestät einer einsamen Spitzpappel, zu Füßen heilige braune Ackererde mit unverwüstlichen Kräutern.

Du stillgeheimes Lächeln der Seele in die tiefe Dämmerung und Winteröde hinaus.

Mitgefühl und Dankbarkeit

Mitgefühl ist ein Grundprinzip des Lebens. Es steht höher noch als Mitleid, denn es umfaßt auch die Mitfreude, zu der es bei vielen mitleidigen Seelen nicht reicht.

Ist nicht der Mensch im Hauptberuf doch Liebender und Freund – und alles andere erst im zweiten Beruf, und wenn er ein Genie wäre?

Im Staubgewölk aller Zielbesessenheit taucht immer wieder die Frage auf: Sollten nicht vielleicht ein jegliches Gelingen um den Preis freiwilliger und fahrlässiger Lieblosigkeiten und vermeidbarer Vernachlässigungen zu teuer erkauft sein?

Das Innerste der gesunden menschlichen Natur ist für alle Arten der Treue und Dankbarkeit geschaffen – stärker noch, als durch das Leben ausgedrückt werden kann. Selbst neue oder losere Bekanntschaften lassen schon geheime Treuegesetze spüren. Da wir jedoch im großen Umkreis unseres Lebens und im Weitergang der Zeit nicht so vielen Menschen die Erinnerungstreue und Anhänglichkeit, Freundschaft und Wertschätzung zeigen und erweisen können, wie es uns drängt, wir aber damit rechnen können, daß es den anderen mit ihrem

Kreise ebenso geht, so dürfen und sollen wir uns zuversichtlich wenigstens kleiner Zeichen guten Gedenkens bedienen. Welch entlastender Frohsinn steigt aus manchen kurzen Grußzeilen auf, die wir empfingen!

Früher Blumentrubel

Zu Frühlingsanfang, am 21. März, wurden vor Zeiten im Berliner Tiergarten vielbesuchte Denkmäler alljährlich mit getriebenen Blumen geschmückt. Halb Berlin ging hin.

Es ist kein Märchen, sondern Wirklichkeit, daß man heute solche Denkmalsumgebungen mit Märzblumen und mit blühenden oder grünenden Gesträuchen schmücken kann, die jetzt ihre natürliche Blütezeit und Grünentfaltung haben. Und dennoch wissen erst verhältnismäßig wenig Menschen um diese Sachverhalte, die ja eigentlich wie farbige Lauffeuer durch wintergraue Gärten und Gemüter hätten gehen müssen.

Bunte Tulpen und Schwertlilien bereits im März draußen? Das kann es doch kaum geben! Die Tulipa kaufmanniana dieser frühen Tage entstammt Innerasien und gewann schon neue bunte Farben durch Umzüchtung, ohne an Frühe zu verlieren. Mittags breitet sie ihre Blütenteller ins Sonnenlicht. Abends schließen sich die Blumen dicht zusammen. Kein Amselsang hält sie dabei zurück, denn nachts wird's oft noch kalt.

Eine Schwertlilienart des Vorfrühlings nach der anderen, gebürtig aus westasiatischen Steppen und

Felsgebirgen, entfaltet ihr unwahrscheinliches Märzleben. Diese sammetgekleideten Helden in Dunkelblau mit Goldstickerei, in Hellblau mit Rosaviolett und blassem Gelb oder auch in reinem Ritterspornblau können, ohne Schaden zu nehmen, mit Schnee und Hagel kämpfen und nach Frostnächten wieder weiterblühen. Hundszahnpflanzen spitzen auf braunem Schaft dünne weiße Blütenstifte, die sich in zwei Tagen zu alpenveilchenhaften Blüten in marmorierten Blattnestern umformen.

Tief im März ist es oft schon warm im Schatten, heiß in der Sonne. Ganz plötzlich kommen solche Tage. Im Naturgärtchen und in den kleinen Steinterrassen des Vorfrühlingsweges blüht nun eine unabsehbare Mannigfaltigkeit von Blütengewächsen. Bienen und Hummeln und mehrere Schmetterlingsarten sind von früh bis spät dazwischen beschäftigt. Der Wind weht warm durch die kleinen Märzblumenparadiese, als wenn er in alter Gewohnheit seinem reichen Maiengeblühe durchs Haar striche.

Manchmal ist das Bienengesumme um die blühende Schneeheide so stark, als hörte man fern im Nachbargarten Leute in tiefem Baß über eine Sache hin und her reden. Im Goldfischteich, der von Rosenprimeln umkränzt ist, knurren die Kröten. Man wird nicht müde, den Vorfrühlingsweg auf und ab zu gehen, und erlebt zu jeder Stunde unwahrscheinliche Blumenverwandlungen, für die man lange Tage nötig glaubte. Jahrzehnte aber braucht man eigentlich, um sich in aller Herrlichkeit schon bloß der Anemonen und Vorläufer-Krokus, der Vorfrühlingsschwertlilien und der Primeln einzuleben. Kein Ende des überraschten Aufmerkens und Hinblickens! Überall haben sich Blumen unbezeichenbare Abstufungen der Farbe vorbehalten, – selbst Weiß ist nicht nur weiß.

Beständig erkennt man wieder, was halbvergessen in uns schlief und wartete. Beim erregenden Frühgesang der Vögel sieht man schon im allerersten Morgenlicht die kleinen, noch geschlossenen Geschöpfe taubeladen ihrer feierlichen Farbenentfaltung entgegenschlafen. Die kurzen Märzzeiten sind von Gartenblumenerlebnissen erfüllt, als wenn es schon wer weiß wie lange Frühling wäre; sie lassen uns so recht merken, daß uns Tag und Stunde, Woche und Monat wie Jericho-Rosen ohne Wasser zu täuschend kleinen Maßen zusammenschrumpfen, wenn sie sich nicht an der Frische und Fülle wechselnden Blumengartenlebens vollsaugen können.

Kein Maler, vielleicht am ehesten noch ein Farbenphotograph, kann Begriffe vom Wandel der Beleuchtungsreize vermitteln, die all diese frühen Blumensterne im zarten Fliederlaub, diese Trupps weißer, übereinandergebauter Krokusflammen, von den schwarzblauen März-Iris überragt, diese Nester farbig-platzender Knospen und moosgebetteter Kelche von morgens bis abends durchmachen.

Die Krokuszeit ist durch ihre rührenden Vorläuferarten schon lange in vollem Gange und bringt es auf acht Wochen. Immer neue Farbnuancen bereichern ihre zauberhaften Blumen-Gespräche. Manchmal erinnern ihre Töne an die Innen- und Außenfarben japanischer Gewänder oder in den Abwandlungen bronzefarbener, gelber und rahmfarbener Zwischenstufungen an die überraschenden Hautfarben der Menschen in Rio, dieser Stadt der vorurteilslosesten Rassemischungen.

In der Mittagswärme wird die feuchte Vorfrühlingsluft, die wir schon von früh bis spät wie einen Glückshauch atmen, von Veilchen-, Hyazinthen- und Krokusdüften gewürzt. Der kühle oder warme, unerkannte erste Veilchenduft ist wie ein Hauch der vorüberschwebenden Frühlingsgottheit. Abends im lampenhellen Zimmer denkt man oft mit Rührung hinaus, wie sich wohl all diese frühen wagemutigen Blumen mit den Gefahren der Sternennächte abfinden.

Zu allen Überraschungen treten immer noch die Reize neuer Nachbarschaften von Blumen, die wir zum ersten Male dicht beisammen sehen. Die Wirkungen durchdachter Blumenbenachbarungen stehen so hoch über der Wirkung der Einzelpflanze wie Melodien über dem Einzelton.

Wie gern gesellt sich der weiße Krokustrupp dem doppelt so hohen dunkelblauen Horst der Vorfrühlingsschwertlilien zu, welche reizenden Partner sind Winterling und Goldlackkrokus, und zu welchen Farbklängen verbindet sich die schwarzgefleckte Prophetenblume mit dem blauen virginischen Lungenkraut und dem Glockengehänge der weißen Kiebitzblume.

Über manche Stelle des Vorfrühlingsgartens liegt das ganze Jahr hindurch irgendein Reiz der Erinnerung, – ein Büschel Anemonensterne in unerhörtem Abendlicht, ein dichtes Krokusgedränge, am Wegrand vorquellend, Orangeflammen aus jedem Kelch lodernd, in selig-reiner Neugeborenheit einen Platz erfüllend, den man sechs, acht Tage vorher noch für unbenutzt und unbesetzt hielt, – Eindrücke, die der Erinnerung kaum geglaubt oder vom Getümmel nachfolgender Frühlingsblumen überwachsen wurden. Und wenn dann wieder im neuen Vorfrühling die kleinen Wunder einem unnennbaren Licht entgegenflammen, dann merkt man, daß es eigentlich das Übermaß der Schönheit war, was uns die Erinnerung so unglaubhaft machte.

Mitten in die Freude über die Auferstehung von Blütengebilden, deren Platz man halb vergessen hat und deren ungebrochene Frische unser gebrechliches Gedächtnis überrascht, fällt leiser Freudenschreck über das blaugrüne, knospentragende Blattwerk einer Nachbarpflanze, die man auf den ersten Blick nicht erkennt und auf den zweiten als die weiße Kiebitzblume begrüßt. Jede neue Vorfrühlingsblume wirkt auf uns jetzt wie ein Zuwachs körperlicher Frische. Vorgestern war hier der Erdboden noch ringsherum gespannt von dem flaumigen, silbergrauen Gesprosse der Elfenblumendickichte.

Heute, nach warmem Regen, hat sich diese Kraftansammlung schon in rosagrün getönten, üppigdichten, halbfußhohen Trieben mit hängenden Knospenglocken entladen. Diese Elfenblumenpflanzen überdauern Menschen.

Wir gehen nun mit vielen neuen Pflanzenarten des langen Vorfrühlings seit drei bis vier Jahrzehnten um und wundern uns alljährlich stärker, daß diese scheinbar so zarten Dinge spielend die Lebensdauer starker Organismen überbieten.

Das Frühlingsweiß einer Wolke im sattblauen Himmel wirft seinen hellen Schein ins nasse immergrüne Geäst einer Hängefelsenmispel, aus der handhohe Massen frühester kleiner Azur-Perlhyazinthen in edelstem Blau herausblühen. Das begann schon vor Karneval, also sieben Wochen vor dem Einsetzen der offiziellen Perlhyazinthenzeit. Es wurden dort vor Jahren ein paar Knöllchen gelegt. Jetzt haben die hellblauen Zuckerhütchen schon einen Quadratmeter überzogen; goldbraune Primeln fanden sich auf eigene Faust daneben angesiedelt, was nach feinster Berechnung aussieht, wie so oft bei wilder Ansamung.

Die Kissenprimeln erobern immer neue Farben, vom edelsten Rosa bis zum dunkelsten Sammetlila, vom Schwefelgelb bis zum Bernsteingold, – kämpfen sich in immer frühere und spätere Wochen hinein und schlagen immer größere Augen auf. Das Garten- und Wildprimelvolk ist so in Bewegung, daß man gar nicht all seine neuen Gestalten ans Herz nehmen kann; es wird noch so kommen, daß ihr Freund diesen schönen Stern verlassen muß, ehe er all den neuen, wunderbaren Primelgesichtern aus den Weiten Asiens, die in unseren Gärten heimisch werden wollen, ins Auge gesehen hat.

Sind wir an einem schönen Tage ein paar Stunden nicht im Garten gewesen, so beginnt schon ein wenig sein Schmollen und der leise verwunderte Vernachlässigungsvorwurf des unendlichen kleinen, tapferen Geblühes.

Gefahr und Verheißung

Immer in Gottes Hand, sind wir samt den Unseren ständig von vielen Gefahren für Leib und Seele umringt, von großen wie von kleinen, die sich schnell oder langsam zu großen auswachsen können – besonders wenn wir den Tarnungen zum Opfer fallen, mit denen größere sich hinter kleinen verstecken.

Wie beneiden wir oft einen Torero, der immer nur mit einem Stier zu tun hat, während wir, kaum fertig mit dem Kampf gegen eine Gefahr, der wir den Fuß in den Nacken setzten, uns schon im Rücken von den Hörnern des nächsten Stiers bedroht fühlen!

Durch welche Abgründe müssen wir hindurch – und an wie vielen anderen werden wir wohlbehalten ahnungslos oder ahnungsvoll vorbeigeführt!

Auch die Menschheit ist immer in Gottes Hand. Ihr Gefahrenzustand ändert sich ständig im Kleinen und Großen. Alte Gefahren verschwinden, neue steigen auf. Wo Menschen früher nur Schicksalsamboß waren, wuchsen ihnen nun viel gefährlichere, viel herrlichere Hämmer in die Hände. Im großen Aufwärtsgang des Menschengeschlechts sind furchtbare Rückschläge eingetreten, die im schnellen Aufkommen und Mißbrauch der Technik inmitten krisenhafter

Kulturzustände eine Hauptursache haben. Im Laufe solcher Rückschläge ist das Furchtbare geschehen, daß größere Heerscharen friedliebender Menschen als jemals gegen ihren Willen sich selber und Millionenscharen friedliebender anderer Menschen nie dagewesenen leiden und unvorstellbarer Vernichtung aussetzten.

Ein Zeitalter wird aus diesen Weltenbränden aufsteigen, das mit höheren Zielsetzungen und Methoden gegen die alten Gefahren angehen und sie beseitigen wird.

Die künftige Menschheit ist zu unermeßlichem Reichtum bestimmt. Ein wie großer Teil aller Kargheit des bisherigen Lebens der Vielen wurde allein von den Kosten der Kriegsrüstungen, der Kriege und Kriegsfolgen samt ihren Verzinsungen und Summierungen verschuldet. Friede ernährt, Unfriede verzehrt.

Überall gibt es noch Bezweifler jenes echten Aufwärtsschreitens der Menschheit, das auch die Kriege beenden wird, wie es die Blutrache überwand und die Grundlage für das Blühen der Familie schuf. Doch hier wird nicht etwa aus irgendeiner Harmlosigkeit gehofft und gesprochen, die man allen Formen hoher Zuversicht inmitten dieser unruhigen Zeitläufte leicht andichten kann. Wir unheilbaren und mit allen Wassern gewaschenen Optimisten haben natürlich ebensoviel Skepsis in uns wie die Neunmalklugen, bleiben aber nicht darin stecken; wir lassen uns wohl von der Skepsis beraten, jedoch nicht beherrschen. Aber wir teilen die Meinung jener Zweifler, daß der Fortschritt in der Bändigung der

Naturgewalten tragische Gefahren für dieses Aufwärtsschreiten birgt, wenn nicht ein Fortschritt der ethischen Vervollkommnung des Menschen die Hand über ihn hält.

Oft wird den Zukunftsgläubigen auch ein Ereignis, das die anderen nur beklagen, gerade zum Hoffnungsanlaß. Lange vor der Entdeckung der Beherrschbarkeit der Atomenergien wiesen wir auf die kommende unfaßliche Steigerung der Zerstörungskräfte hin, die vielleicht eine Besinnung der Menschenwelt beschleunigen könne. Nachdem nun jenes technische Ereignis eingetreten ist, dessen Auswirkung Menschen in Minuten über den Tod von Millionen verfügen lassen kann, ist die Menschheit vor ein entscheidendes Entweder-Oder gestellt.

Sie ist in Gefahr, in ihr eigenes Schwert zu stürzen, das Schwert der Technik und Wissenschaft. Doch hier muß gleichzeitig auch der neuen Sonne gedacht werden, die sich mit der friedlichen Auswertung der gelenkten Atomkräfte am Horizont unserer Hoffnungen zeigt.

Wir Menschen von heute sterben in der Schneeglöckchenzeit vom nahenden Menschheitsfrühling weg, in dem man an unser Zeitalter zurückdenken wird wie im Mai an den Vorfrühling.
Es kommt also die Zeit, in der man die Zweifel der Vorfrühlingsmenschen kaum noch begreifen wird. Aber die ursächliche Verbundenheit dieses Mangels an fester Zuversicht mit Unstetigkeiten und Langsamkeiten des Aufstiegs wird richtig eingeschätzt werden.

Es wäre doch auch widersinnig, sich endlos um schönere Gärten und Blumen zu mühen, wenn damit nicht auch wirksam auf ein höheres Blühen in der geistigen Welt hingearbeitet würde.

Wir glauben an eine unausdenkbare, heilvolle Zukunft der Menschheit, und zwar für Äonen – rechnen aber natürlich damit, daß noch geraume, etwas stürmische Perioden zu durchleben sein werden, die einen langsamen Wandel in der Grundeinstellung der Menschen zu ihren Aufgaben herauffahren müssen; doch werden dem Reifen der Geistes- und Seelenwelt auch unermeßliche neue Kräfte aus der Bemeisterung der Natur zu Hilfe kommen.

Trotz aller schrittweisen Erreichung immer gefestigterer Erdenverhältnisse werden wir auf diesem Stern nie ans Ende der Wagnisse und Gefahren gelangen.

Der ewige Abenteurer im Menschen aber will frei werden für ganz andere Abenteuer, wie sie sich ihm in der Eroberung des Weltraums, der Fruchtbarmachung von Wüsten, der Umgestaltung des Klimas auftun, – auch für die Bändigung der Gefahren von Hunger und Krankheit, – frei werden also für Unternehmungen, die aus unberechenbaren Verhängnissen herausführen und dem Ganzen der Menschheit zugute kommen, ohne erzwungene Opferung menschlichen Lebens.

Die Kriege werden zwangsläufig aus der Menschheit verschwinden – doch steuert die Welt auch dann nicht etwa auf ruheselige Endzustände hin; denn sie besteht aus Spannungen, deren Ausgleich nach gesteigerten Kräften und höheren Methoden verlangt, entsprechend den Goetheschen Stichworten ihres Aufbaus: »Polarität und Steigerung«.

Was auch der göttliche Heilsplan jetzt oder dereinst mit den Erdendingen vorhaben mag, – es dient unserer Bestimmung, uns in ihm geborgen zu wissen.

Für Ihre Mitarbeit bei der Zusammenstellung des vorliegenden Büchleins sei meiner Frau und Gerhard Rostin mein herzlicher Dank ausgesprochen.

Karl Foerster, 1961

Karl Foerster entnahm die Texte dieses Buches im wesentlichen den nachstehenden Titeln, teilweise gekürzt bzw.verändert:
Unendliche Heimat (1925), Glücklich durchbrochenes Schweigen (1937), Vom großen Welt- und Gartenspiel (1959) und Reise doch - Bleibe doch! (1953).

Titelfoto: Foerster-Archiv

Die in diesem Buch enthaltenen Empfehlungen und Angaben sind von der Autorin/vom Autor mit größter Sorgfalt zusammengestellt und geprüft worden. Eine Garantie für die Richtigkeit der Angaben kann aber nicht gegeben werden. Autorin/Autor und Verlag übernehmen keine Haftung für Schäden und Unfälle. Bitte setzen Sie bei der Anwendung der in diesem Buch enthaltenen Empfehlungen Ihr persönliches Urteilsvermögen ein.
Der Verlag Eugen Ulmer ist nicht verantwortlich für die Inhalte der im Buch genannten Websites.

Bibliografische Information der Deutschen Nationalbibliothek
Die Deutsche Nationalbibliothek verzeichnet diese Publikation in der Deutschen Nationalbibliografie; detaillierte bibliografische Daten sind im Internet über http://dnb.d-nb.de abrufbar.

Das Werk einschließlich aller seiner Teile ist urheberrechtlich geschützt. Jede Verwertung außerhalb der engen Grenzen des Urheberrechtsgesetzes ist ohne Zustimmung des Verlages unzulässig und strafbar. Das gilt insbesondere für Vervielfältigungen, Übersetzungen, Mikroverfilmungen und die Einspeicherung und Verarbeitung in elektronischen Systemen.

© 1962, 2017 Eugen Ulmer KG
Wollgrasweg 41, 70599 Stuttgart (Hohenheim)
E-Mail: info@ulmer.de
Internet: www.ulmer-verlag.de
Lektorat: Doris Kowalzik, Angelika Jansen, Birgit Schüller
Herstellung: Ulla Stammel, Sophie Mooser
Umschlagentwurf: Verlag Eugen Ulmer
Druck und Bindung: Grafischer Großbetrieb Friedrich Pustet GmbH & Co. KG, Regensburg
Printed in Germany

ISBN 978-3-8001-0925-8

Das berühmte Anwesen von Karl Foerster in Potsdam-Bornim befindet sich im Eigentum der Marianne Foerster-Stiftung in der Deutschen Stiftung Denkmalschutz. Ziel der Stiftung ist es, den Garten und das Wohnhaus authentisch zu erhalten, zu erforschen und für interessierte Besucher zugänglich zu machen. Die Marianne Foerster-Stiftung ist eine von über 230 Treuhandstiftungen unter dem Dach der Deutschen Stiftung Denkmalschutz.

Die Deutsche Stiftung Denkmalschutz ist die größte private Initiative für Denkmalpflege in Deutschland. Sie setzt sich seit 1985 kreativ, fachlich fundiert und unabhängig für den Erhalt bedrohter Baudenkmale ein. Ihr ganzheitlicher Ansatz ist einzigartig und reicht von der Notfall-Rettung gefährdeter Denkmale, pädagogischen Schul- und Jugendprogrammen bis hin zur bundesweiten Aktion „Tag des offenen Denkmals".

Insgesamt konnte die Deutsche Stiftung Denkmalschutz vor allem dank der aktiven Mithilfe und Spenden von über 200.000 Förderern bereits über 5.000 Projekte mit mehr als einer halben Milliarde Euro in ganz Deutschland unterstützen. Doch immer noch sind zahlreiche einzigartige Baudenkmale in Deutschland akut bedroht.

Wir bauen auf Kultur – machen Sie mit!
Mehr Informationen auf **www.denkmalschutz.de**

Spendenkonto
DSD Marianne Foerster-Stiftung
IBAN: DE98 3708 0040 0212 7994 02
BIC: DRES DE FF 370
Commerzbank AG

Wir bauen auf Kultur.

DEUTSCHE STIFTUNG
DENKMALSCHUTZ